Stablecoin Taxation
Learn from the very basics

改正
資金決済法
（2023年施行）
対応

確定申告の前に知っておきたい

超基本から学ぶ
ステーブルコイン
の税務

［著］

Noritaka Okabe
岡部典孝

Otoki Shimizu
清水音輝

Shin Sakamoto
坂本 新

第一法規

はじめに

　本書はステーブルコインとその税務について、初めての方にもわかりやすく説明した書籍が今までなかったことから、お手にとっていただきやすい分量に情報をまとめたものです。

　Bernstein の調査によれば、ステーブルコインのグローバルマーケットは 5 年後に 2 兆 8,000 ドル（1 ドル 150 円で換算すると 420 兆円）に拡大するといわれています。今後ステーブルコインが GDP 比率通りに日本で普及した場合、40 兆円規模の新しいマーケットが出現する可能性があるのです。

　日本は主要国でいち早くバランスの良いステーブルコイン規制を施行し、Web3 やステーブルコインを国家戦略として推進しようとしています。たとえば、2023 年 6 月 16 日に閣議決定された、いわゆる「骨太の方針2023」には、「ステーブルコインやセキュリティトークンの円滑な発行・流通に向けた必要な取組を進める」と記載されました。また、大手銀行、地方銀行、信託会社、暗号資産交換業者、資金移動業者等が 2024 年にステーブルコイン事業への参入を表明または検討しており、非常に注目が集まっています。

　しかし、残念ながらステーブルコインについて正しく理解している人は決して多くありません。「聞いたことはあるけど何だろう？」「PayPay 等の既存の電子マネーと何が違うの？」という人が大半です。また、ステーブルコインは「価値の安定を目的にした暗号資産（仮想通貨）の一種」という認識の方も多くいらっしゃいます。

　しかし、本書を読めばそれが誤りであることがわかりますし、ステーブルコインの税務や法律だけでなく、歴史や今後のユースケースまで、他の人に教えたくなる知識が身につくと思います。

　ステーブルコインは遠い未来の決済手段ではありません。すでにアフリカとの貿易を USDC（ステーブルコインの一つ）で決済する事業者が出始めています。また、投資家は資産の一部をステーブルコインで保有した

り、ステーブルコインの運用を開始しています。JPYC 株式会社では、貸借対照表の現金預金の下にステーブルコインが「電子決済手段」という科目で登場します。今後大企業の財務諸表にも電子決済手段が登場するに違いありません。

　ステーブルコインを使いこなした企業は、資金効率や資本効率を大幅に向上させることができるでしょう。少子化が進む日本において、会社の業務の大半をデジタル化する DX は不可避であり、デジタル化の最後に立ちふさがるのが決済です。決済を自動化できるステーブルコインには、無限の可能性があります。

　究極的にはすべての取引をステーブルコインを用いて自動化し、支払い、決算、最終的には納税までを自動化するような新しい組織（AI）が出てくると私は確信しています。

　事業者が安心してステーブルコイン等の新しい技術を使えるようになるためにも、第一線で税務を担う税理士の方にぜひ本書を手にとっていただきたいです。

　2023 年 11 月には企業会計基準委員会から実務対応報告第 45 号「資金決済法における特定の電子決済手段の会計処理及び開示に関する当面の取扱い」等が公開され、連結キャッシュフロー計算書においても原則として電子決済手段が現金に含まれることになりました。このような大きなアップデートを税理士の皆様が正確に把握することなく、新しい時代を作ろうとする事業者や投資家等の納税義務者の信頼に応え、納税義務の適正な実現を図ることは困難です。

　本書は 2023 年 12 月 1 日現在の情報を基に執筆していますが、規制や基準は技術の急激な進歩により今後変更される可能性がありますのでご了承ください。その場合であっても本書に記載した情報は、思考の基礎として重要な部分において色褪せないと考えております。

　本書は、第 1 章でステーブルコインの基本を紹介し、第 2 章でステーブルコインと法律の関係について概説し、第 3 章でステーブルコインと税務

について説明した上で、第4章においてステーブルコインの今後について議論しています。本書の第1章および第4章はステーブルコイン発行体の代表を務める私、岡部が執筆し、第2章はステーブルコインの法律実務に詳しい清水音輝弁護士が執筆し、第3章はステーブルコインに精通した坂本新税理士が執筆しております。ステーブルコインを深く理解するためには、ステーブルコインの前提知識、法律の知識、税務の知識をそれぞれ丁寧に理解することが重要です。本書は、ステーブルコインに馴染みがない方に対して、各分野の第一人者がステーブルコインについて分かりやすく説明している点がポイントになります。本書を通じてステーブルコインについて少しでも知ってもらえたら非常にうれしいです。

　なお、本書は、各章について、それぞれの執筆担当者が独立して、自己の私見も交えながらステーブルコインについて説明しています。各章の記載内容は所属組織の見解ではない点について改めてご承知おきください。

　本書を契機に、税理士をはじめ、ステーブルコインに詳しい専門家が増えることも期待しています。その結果としてステーブルコインを使いこなす人々や企業が増え、イノベーションが生じていく、本書がそんな一助となることを願ってやみません。

2024年3月

JPYC株式会社　代表取締役

岡部　典孝

凡例

●主な法令等の略称

略称	法令・ガイドライン等の名称
通貨法	通貨の単位及び貨幣の発行等に関する法律
資金決済法改正	安定的かつ効率的な資金決済制度の構築を図るための資金決済に関する法律等の一部を改正する法律（2022年6月10日法律第61号）による、資金決済に関する法律その他の法律の改正
兼営法	金融機関の信託業務の兼営等に関する法律
資金決済法	資金決済に関する法律
資金決済法施行令	資金決済に関する法律施行令
前払府令	前払式支払手段に関する内閣府令
移動業府令	資金移動業者に関する内閣府令
電取業府令	電子決済手段等取引業者に関する内閣府令
金商法	金融商品取引法
金商法施行令	金融商品取引法施行令
定義府令	金融商品取引法第二条に規定する定義に関する内閣府令
犯収法	犯罪による収益の移転防止に関する法律
外為法	外国為替及び外国貿易法
外為令	外国為替令
報告省令	外国為替の取引等の報告に関する省令
景品表示法	不当景品類及び不当表示防止法
移動業ガイドライン	金融庁「事務ガイドライン第三分冊金融会社関係　14.資金移動業者関係」https://www.fsa.go.jp/common/law/guide/kaisya/14.pdf
電取業ガイドライン	金融庁「事務ガイドライン第三分冊金融会社関係　17.電子決済手段等取引業者関係」https://www.fsa.go.jp/common/law/guide/kaisya/18.pdf
2023年5月26日付パブコメ回答〔電子決済手段等関係〕	金融庁「令和4年資金決済法等改正に係る政令・内閣府令案等に関するパブリックコメントの結果等について（コメントの概要及びそれに対する金融庁の考え方）電子決済手段等関係」（2023年5月26日）https://www.fsa.go.jp/news/r4/sonota/20230526/20230526.html
2023年5月26日付パブコメ回答〔前払式支払手段関係〕	金融庁「令和4年資金決済法等改正に係る政令・内閣府令案等に関するパブリックコメントの結果等について（コメントの概要及びそれに対する金融庁の考え方）前払式支払手段関係」（2023年5月26日）https://www.fsa.go.jp/news/r4/sonota/20230526/03.pdf

●本書の内容現在

　本書は、原則として 2023 年 12 月 1 日現在において施行・適用されている法令等に基づいて解説していますが、第 3 章において国税庁から公表された情報に基づき内容をアップデートしている箇所が一部あります。

　なお、本書は、章ごとに執筆者が分かれており、本文中の記載内容は、それぞれ各章の執筆者の個人的見解に基づくものです。

目次

第 1 章　新しい決済手段「ステーブルコイン」について 超基本から学ぶ
岡部典孝

第4章　ステーブルコインの今後　　　岡部典孝

第 1 章

〈 新しい決済手段「ステーブルコイン」について超基本から学ぶ 〉

岡部典孝 ［著］

資金決済とステーブルコイン

　資金決済とは、資金の引渡し等によって資金に関する債権債務関係を解消させることを意味しています。ステーブルコインは資金決済の手段のうちの一つであり、商品購入の代価の支払いなどにおいて、資金決済の手段として活用されることが想定されています。

　資金決済に関する代表的な法律は、「資金決済に関する法律」になります。ステーブルコインも、この資金決済に関する法律によってしばしば規律されます。資金決済に関する法律の目的は次のとおりです。

資金決済法
　第1条　この法律は（中略）、もって資金決済システムの安全性、効率性及び利便性の向上に資することを目的とする。

　資金決済は現金決済や商品券のような物理的な決済だけでなく、インターネットバンキングやサーバー型プリペイド、電子マネーを用いた決済等さまざまなものがあります。今や資金決済はわれわれの生活に深く根ざしており、この資金決済システムの安全性、効率性および利便性の向上は極めて重要な目的であるといえます。

　資金決済の歴史は、より安全でより効率的でより利便性の高い決済システムを構築しようとする（国や中央銀行も含めた）発行体の努力の歴史です。我々の生活をより豊かにするために、さまざまな決済システムが考案され、実社会に導入されていきました。

　ステーブルコインは、ブロックチェーン技術を利用した決済手段として、決済システムの歴史の最先端にある決済手段であるといえます。現在、ステーブルコインの発行体は、安全性、効率性および利便性の向上を確保しながら、将来の新たな決済システムの確立に向けて、着々と準備を進めて

います。

資金決済の安全性

「送金したのに途中で盗まれて届かない」「受け取った決済手段が偽物で換金できない」こんな資金決済手段は使いたくありません。

また、決済手段の利用にあたって、「反社会的勢力を経由したお金なのでマネーロンダリングの疑いがかかって事情聴取された」などということが起こることもあり得ます。安全性が低いと、安全性を上げるために真贋判定やコストが必要になります。資金決済の安全性は最も重要です。

安全性は効率性や利便性にも影響する重要な要素です。一般的には安全性を上げるために、詳細なKYC（本人確認）[1]を行ったり、送金目的を尋ねたりすることで、すぐに送金できない等の影響が発生し、効率性や利便性が犠牲になります。

安全性を高めようとするあまり、効率性や利便性が下がりすぎると、決済事業者の収益性が下がり赤字となり、安全性を高めるための予算を持続的に支出できなくなるおそれがあります。適法な決済手段の効率性や利便性が低すぎる場合、一般市民は地下銀行等の違法な送金ネットワークを利用したいという動機を高めてしまうことにもなりかねず、逆に社会全体の決済システムに対する安全性が下がってしまいます。

したがって、資金決済を行う事業者は、法令上求められている最低限の措置を実施しながら、リスクベースで必要十分な安全性を確保するための措置を実施する必要があります。

安全な資金決済の代表は、対面で本人確認しながらの銀行振込みです。不動産決済では今でも銀行の会議室で振込みをする光景が見られますね。

---

[1]　KYCとは、Know Your Customer の略で、国際的な金融犯罪、特にテロ資金調達やマネーロンダリングといった活動の識別と防止において重要な役割を果たします。顧客の身元を確認し、その背景や資金源を理解することにより、金融機関は顧客がマネーロンダリングや他の違法行為に関与していないことを確認できます。また取引パターンの分析により異常な取引や不正な資金の動きを識別できます。KYCプロセスは、顧客と金融機関の両方の安全を確保し、法的な要件を順守するために非常に重要です。

資金決済の効率性

　効率性はトータル手数料の安さともいい換えられます。たとえばクレジットカード決済の場合、利用者は手数料がかからず1％程度のポイントを受け取れますが、加盟店は3％程度の加盟店手数料を支払っています。おおむね2％が送金の際に失われてしまいます。スマホゲームのコインを買うと最大30％が手数料としてプラットフォーマーに徴収されます。決済手数料は、銀行振込のような「1件いくら」の場合と、クレジットカード決済のようなX％という方式がありますが、決済システムを提供する事業者はさまざまな方法で手数料を徴収しており、トータル手数料の額を上昇させているといえます。

　決済手数料が安くなるとそれだけさまざまなビジネスの利益が上がり、融資や出資がついて経済が成長しやすくなるので非常に重要です。スタートアップや起業を促すためには、資金決済の効率性を上げることが非常に重要だと考えています。

　PayPayのように利用者間で手数料無料で送金できる方式も登場しました。効率的な資金決済の代表例は、今だとPayPayの個人間送金になるかもしれないですね。一般的には効率性を追求しすぎると、小口決済お断りになるか安全性が下がります。PayPayのような個人間送金は、手数料がかからないので素晴らしいですね。

資金決済の利便性

　現金は（現金書留を使わない限り）対面でなければ決済できませんが、オンライン決済は非対面で決済可能であり、利便性が上がります。利便性が十分上がれば、手数料がかかり効率性が下がっても多少は正当化できます。一方で、本人確認等安全性を高めるための措置により、利便性が下がってしまうこともあり得ます。

　利便性が高い決済手段は多くの人が利用し、システムの原価が下がり効率的になることが多いです。

　利便性が高い決済の代表はアプリ決済です。スマートフォンの画面を数

回タップしたら支払い完了できるので、ついついゲームに課金しすぎてしまう人もいます。

　利便性が高い決済手段は、その決済手段を悪用したい人にとっても便利な代物です。決済手段の悪用は、その決済手段の安全性を低下させることになりますので、十分な対策を講じることが必要になりますね。

　ここまでは、資金決済法が大事にしている価値観について事例を踏まえて簡単に説明してきました。いよいよここからは、資金決済法の目的を踏まえてステーブルコインの安全性、効率性および利便性について考えていきましょう。

ステーブルコインの安全性

　ステーブルコインはブロックチェーン等の分散型台帳[2]の技術を使用しており、一般に偽造が困難で安全に送金することが可能です。もっとも、ステーブルコインの価値は、発行体が保有する資産に裏付けられており、安全な送金を実現させるためには、発行体の健全な資産保全が重要になります。ステーブルコインの中にはアルゴリズムによってその価値を担保しようとするものも存在しますが、過去にはアルゴリズムによって価値を維持するとされていたステーブルコインの価値が暴落してしまったことがあります。

　あるステーブルコインが本当に安全なものかは、個別具体的に判断することになります。具体的には、ステーブルコインの安全性は、発行体に適用される法律や、発行体に対する規制当局の監督の態様、前提とするブロックチェーンその他のシステムの安全性などを考慮して、判断することになります。

2　分散型台帳（Distributed Ledger Technology）とは、データを複数の場所に分散して保存する技術です。一般的なサーバ・クライアントモデルのような中央集権型ネットワークとは異なり、データはネットワーク上の多数のコンピューター（ノード）に分散して保存されるため、1カ所での障害が全体に影響を与えにくくなります。また、参加者相互に取引やデータの履歴が公開されるため、透明性が高く改ざんがしにくくなります。

ステーブルコインの効率性

　ブロックチェーン上のステーブルコインを移転させようとする者は、Gas代と呼ばれる手数料を支払います。この手数料は1円未満のこともあれば数百円程度かかることもあり、ブロックチェーンの種類や、ステーブルコインの移転のタイミングによりばらつきがあります。通常、Gas代は移転させる額や移転先の住所によって変わることはありません。

　資金を他国に送る場合や多額の送金を行う際にステーブルコインを利用することは効率的であるといえるでしょう。他方、ネット銀行でも同一銀行間で無料で送金できることもあるので、あるステーブルコインが本当に効率的かどうかは個別具体的に判断することになります。

ステーブルコインの利便性

　ステーブルコインは、スマートコントラクトと呼ばれるプログラムを活用して、自動決済、自動分配などさまざまな利便性の高い機能を実装することが可能です。これらの機能は、分散型金融プロトコルや、分散型取引所（Decentralized Exchange（DEX））、NFTマーケットプレイスなどに実装されており、スマートコントラクトの利便性を象徴する取組みであると評価されています。

　ステーブルコインはブロックチェーン等の分散型台帳の技術を使用しており、一般に24時間365日受取人の場所を問わず、オンラインで多額の送金が可能です。事業者を介さない単純な個人間のステーブルコインの送金は、銀行口座のように本人確認情報を利用してアカウントを開設する必要もありません。これらの事情を考慮すると、ステーブルコインは一般的には利便性が高いと考えられます。

　他方、個人間のやりとりでステーブルコインを利用するためには、ウォレット[3]を作成する必要があること（それに伴いウォレット情報を自ら管理する必要があること）から、リテラシーの高くない人にとって利便性が低いと考える人もいます。

　また、日本では2023年6月に改正資金決済法が施行されて日が浅いこ

ともあり、本書出版時点でステーブルコイン決済を受け付けている店舗は非常に少ないです。よってステーブルコインが誰にとっても本当に利便性が高いといえるようになるまでには、もう少し時間が必要になるでしょう。

まとめ

資金決済法の目的は安全性、効率性および利便性の向上ですが、資金決済の効率性や利便性が上がると国民経済が発展することにつながるため、非常に重要です。

他方、安全性、効率性、利便性は複雑に絡み合っており、すべてを向上させることは非常に困難です。実際に、安全性重視の決済手段、効率性重視の決済手段、利便性重視の決済手段といったさまざまな決済手段が次々生まれ、現在多くの決済手段が世に溢れています。

ステーブルコインについても安全性、効率性および利便性の観点から一長一短であることは事実です。もっとも、ステーブルコインは、既存の決済手段には見られない強みがあり、多くの可能性を秘めていることもまた事実です。資金決済法を遵守しつつ発行されたステーブルコインは、安全性、効率性および利便性を確保しながら、われわれの社会にとって必要不可欠な決済システムを構成していくことになるでしょう。

3　ウォレットとは、ステーブルコインや暗号資産を保管するための財布のような機能を持つツールやサービスを意味します。ステーブルコインや暗号資産は、パスワードのような秘密鍵（Private Key）を通じて管理することになりますが、ウォレットは、その秘密鍵を容易に管理し、ステーブルコインや暗号資産を扱いやすくしてくれるためのツールであるといえます。ウォレットは、秘密鍵の管理の仕方によってカストディウォレット（Custodial Wallet）とノンカストディウォレット（Non-Custodial Wallet）に分別されます。サービスの提供者が秘密鍵の管理を行う「カストディウォレット」は、技術的リテラシーが高くない人にも使用可能ですが、その分自由度は低くなり、サービス提供者の都合によりウォレットにアクセスできなくなる場合もあります。

貨幣史とデジタル資金決済制度の変遷

　現在のデジタル資金決済は安全性、効率性、利便性いずれも貨幣や紙幣での現金決済と比べて大きく向上しており、シェアもここ数年で急上昇しています。しかし、2022年の日本のキャッシュレス決済比率は111兆円と全体の36%[4]にとどまっており、まだまだ現金決済の割合が高くなっているといえます。

　現金決済は何が優れているのでしょうか?

図表　わが国のキャッシュレス決済額及び比率の推移(2022年)

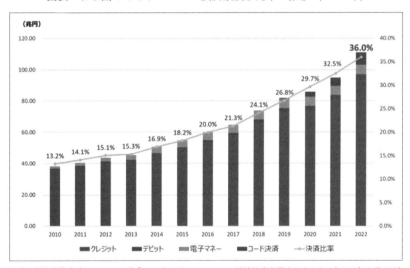

出典:経済産業省(ホームページ)「2022年のキャッシュレス決済比率を算出しました」(2023年4月6日)
https://www.meti.go.jp/press/2023/04/20230406002/20230406002.html

---

4　経済産業省(ホームページ)「2022年のキャッシュレス決済比率を算出しました」(2023年4月6日)
　　https://www.meti.go.jp/press/2023/04/20230406002/20230406002.html

　ここでは日本の貨幣史について簡単に説明した上で、最近のデジタル資金決済の方向性と課題について説明します。

日本の貨幣史

　日本最古の鋳造貨幣は飛鳥時代の 7 世紀後半（683 年ごろ）に作られたといわれています[5]。貨幣による決済は物々交換と比べて優れている点がいくつかあります。物々交換であれば自分が手放したいものと相手が欲しいものが一致する必要があり、「欲望の二重の一致」が必要となりますが、貨幣であればそれが不要となります。また、金属で鋳造された貨幣は、米のように時間とともに品質が劣化しにくく、軽くて持ち運びも簡単です。

　貨幣には 3 つの機能があります。「価値尺度」「交換手段」「価値保存」です。銅銭は 1 枚単位で価値の尺度になりやすく、渡すことで交換手段となり、ほとんど劣化しないので価値の保存にも使えそうです。

　ここで必ずしも貨幣の価値を国が保証している必要がない、ということが重要です。金銀銅といった多くの人が価値を感じる材質であれば何でもよいのです。

　実際に日本では鎌倉時代から江戸時代初期にかけて約 500 年間、渡来銭といわれる中国などの銅銭が広く流通していました。

　豊臣秀吉が大判金貨を作り、江戸時代になると大判や小判という金貨が全国共通で価値をもつようになります。そして諸藩は藩札と呼ばれる金貨に交換可能（であると称する）紙幣を流通させるようになります。

　明治時代になると日本銀行が円を発行しました。これは、金本位制の貨幣でしたが、恐慌等の影響でこの金本位制は廃止されました。

　その後日本軍は軍票と呼ばれる、占領地等で使われる疑似紙幣を発行しましたが、第二次世界大戦に敗れ無価値になりました。また戦前に発行された日本円も敗戦後、新円切替を経てほぼ無価値になりました。

5　日本最古の鋳造貨幣は、富本銭と呼ばれるものです。もっとも、富本銭が実際に決済に使われた流通通貨か、まじない用のもので決済に使われていなかったものなのかは学説が分かれています。

「価値の保存」の難しさ

　貨幣をはじめとする物理的な決済手段は、保有者が権利者であると推定でき、発行体が維持されていれば発行体に交換等を請求できる点が非常に優れています。

　しかし、発行体が破綻した際に価値が失われた歴史を繰り返している点を鑑みると、物理的に保有しているのだから安心であるとはいえないと筆者（岡部）は考えます。

　さまざまな発行体が価値や交換を保証すると称して貨幣を発行してきましたが、発行体の信用を長期間維持することは、民間はもちろん、国にとっても非常に困難であることがわかります。たとえば、1971 年に米国が金本位制を停止（ニクソンショック）し、歴史は繰り返しています。

　遠隔地に金銭的価値を届ける際に時間がかかると、その間に価値が大きく変動するリスクがあります。そこで、瞬時に情報を伝達できる電子計算機上に残高を記録して、決済の都度残高を移転できる仕組みが金融機関や民間企業によって作られるようになりました。

　たとえば1973年に銀行の為替取引を行う全銀システムが稼働を開始し、2023 年 10 月に不具合を起こすまで約 50 年間、利用者に影響が出る大きな問題を起こすことなく稼働し続けました。2001 年に JR 東日本が発行した電子マネーの機能をもつ非接触型 IC カード乗車券 Suica は現在も広く使われています。

　貨幣は物理的に存在して所有を観念できるので、仮に発行体がなくなったとしても、それが銅銭等の貨幣であれば、流通させることが可能ではあります。しかし、既存のデジタル決済手段の残高は IC チップや運営会社のサーバー上の記録が失われればなくなってしまいます。銀行預金の価値は銀行が潰れたら（一部預金保険で保護されるかもしれませんが）なくなりますし、Suica の残高の価値は、Suica の発行者である JR 東日本の関連会社が潰れたら（一部法務局に供託されていますが）基本的になくなります。

　もし発行体が存在しないか、発行体が潰れても価値を保ち続け、24 時

間365日世界中で使えるデジタル決済手段が存在したとしたら、どうでしょう？　決済の歴史を塗り替える可能性がありますね。

　2009年1月に発行されたビットコイン（暗号資産BTC）はまさにその可能性を実証したものであると筆者（岡部）は評価しています（紙幅に限りがあるので、ビットコインの詳しい説明は他の書籍を参照してください）。2015年から2016年にはイーサリアム（暗号資産ETH）が実装され、スマートコントラクトと呼ばれる仕組みにより、コンピュータ上でさまざまな取引の自動執行が可能になりました。

　しかしながら、暗号資産で決済する場合であっても法定通貨で会計、納税するためには、結局法定通貨建てで計算する必要があります。また、暗号資産は主要法定通貨と比較しても価格変動が大きく、決済に使いにくいという性質がありました。特に監査を受けている大企業は暗号資産の保有や暗号資産建ての決済を忌避するようになり、暗号資産決済はなかなか普及しませんでした。

　この課題を解決しようと作られたのが、USDTやUSDCのようなステーブルコインです。ブロックチェーン技術とスマートコントラクトの技術を使い、24時間365日、取引の自動執行を行えるようにしつつ、法定通貨建てにすることで会計や税務の問題を解決しようと試みた新しい決済手段が、ステーブルコインなのです。

発行体の破綻リスクへの対応

　ステーブルコインは法定通貨に連動する性質上、法定通貨等への交換を保証する発行体への信頼が必要になります。われわれは過去に国家が金への交換を約束しながらそれを反故にすることを繰り返してきた歴史を知っています。このリスクを低減するためにいくつかのアプローチが提案されています。

　「国や中央銀行をデジタル通貨の発行体にしよう」という方向性のアプローチが、CBDC（中央銀行デジタル通貨）[6]です。ステーブルコインとよく似ていますが、別の概念として整理されています。

　Fintech企業にも発行を認めるかわりに法務局に同額以上の現金や国債

で供託させて倒産隔離しようというのが、資金移動業によるステーブルコイン、信託によって倒産隔離しようというのが信託型ステーブルコインです。

　上記はいずれも発行体が潰れない前提ではなく、潰れることがある前提で、それでもなお倒産隔離さえ保証されていれば、安全で効率的で利便性が高い決済を実現できるのではないか、というアプローチです。

　そして銀行に対して行っている規制および監督と同様のアプローチによって発行体の倒産確率を抑えようというのが銀行型ステーブルコインです。最近も米国のシリコンバレー銀行等が破綻しましたが、幸い預金は保護されました。日本でも1997年に北海道拓殖銀行が、2003年に足利銀行が破綻しましたが、一般預金者の預金は保護されました。

　日本では現在、預金は一人当たり元本1,000万円とその利息までしか保護されないことになっていますが、金融機関が破綻しても一般利用者の預金は保護されるのではないかという（根拠の乏しい）国民の期待は、引き続き根強いものがあります。法令上は厳しい制限があるものの、日本の規制法は、銀行がステーブルコインを発行することを念頭に置いていないわけではありません。複数の銀行がステーブルコインの発行に関する実証実験を目指しています。

　なお、発行体がなるべく関与しないようプログラムで制御しようというアルゴリズムによるステーブルコインのアプローチもあります。ただしプログラムが意図通り動作せず、当該ステーブルコインの価値が暴落するリスクがあることに注意する必要があります。このアルゴリズム型ステーブルコインについては後述します。

6　CBDCとは、Central Bank Digital Currency、つまり中央銀行デジタル通貨のことで、発行主体は各国の中央銀行となります。国の公式通貨としての役割を担い、国の法律および金融規制の下で運用されます。
　　一方、ステーブルコインは通常、民間企業や非中央銀行の組織によって発行されます。ステーブルコインは、法定通貨や国債、あるいは金などの商品や他の暗号通貨など何らかの外部資産を担保として保有し、価値が安定するように工夫されています。

まとめ

　資金決済の歴史は安全性、効率性および利便性の向上に向けた人類の1000 年以上の進歩の歴史でもあります。これまで資金決済の利用者は発行体によって価値を信じさせられ、発行体によって裏切られるという歴史を繰り返してきました。また、コンピュータの進歩によりここ 50 年で決済のデジタル化が進み、ブロックチェーン等の分散型台帳技術を使って特定の管理者に依存しない決済手段が開発されるに至りました。

　今までの決済手段と同様に、ステーブルコインについても、発行体の破綻リスクの観点から安全性を測ることができます。発行体が破綻することを利用者が常時意識しながら安全かつ効率的に利用することは考えにくいことから、破綻の際のリスクが倒産隔離等で十分低減されていると利用者が正しく認識できるかどうかが、ステーブルコイン普及の鍵になると筆者（岡部）は考えます。

貨幣の3つの機能

　ステーブルコインは法定通貨ではありませんが、ステーブルコインは貨幣となり得るでしょうか？

　貨幣には価値尺度、交換、価値保存の3つの機能があります。これにそってステーブルコインが貨幣の条件を満たすか考えます。

図表　貨幣の3つの機能

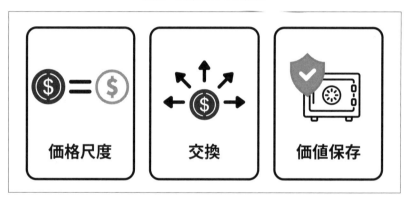

価値尺度

　ほとんどのステーブルコインは法定通貨に連動しています。たとえば1USDCは通常1ドルと同じ価値として価値の尺度に使うことができます。よって通常ステーブルコインは価値尺度として使うことができます。

交換

　交換しやすい状態を「流動性が高い」といい、交換しにくい状態を「流動性が低い」ということがあります。ステーブルコインが財の交換に使用できるためには、流動性が必要です。流動性が低いステーブルコインは（流動性の定義からわかるように）法定通貨や他の財と交換する際に損失が出

たり、交換できなかったりするからです。

　なお、ステーブルコインの流動性は CoinMarketCap 等のウェブサイトで公開されている各取引所の取引量や流通量から推測することができます。流動性が高いステーブルコインは、1 位が USDT であり、2023 年 12 月 1 日の USDT の総発行量は約 12.8 兆円となっています。流動性が高いステーブルコインは海外の取引所において基軸通貨として使われ、法定通貨や他の暗号資産と交換することができます。流動性が低すぎるステーブルコインは取引の際に損失が出るため、通常円滑な決済に用いることが困難です。

　流動性を高める方法は複数ありますが、一例をあげると発行体が法定通貨への等価償還を約し、実際に償還することによって、当該ステーブルコインの流動性が向上する場合があります。このようなステーブルコインは、要求払預金と類似性を有しているともいえるかもしれません。発行体がいつでも償還を約することにより、当該ステーブルコインの価値が安定し、広く決済に利用されるようになり、当該ステーブルコインの流動性が上昇していく場合があります。

価値保存

　ステーブルコインは価値保存ないし価値安定が期待されていますが、ステーブルコインの価値は、発行体の価値保存の施策によるところが大きいです。特に発行体がステーブルコインの発行のために受け入れた資産がどのように保全されているかを確認することが、当該ステーブルコインの価値の安定性にとって重要な意味を持っています。たとえば、発行体が法務局等に現金で 100% 裏付資産を供託して倒産隔離している場合は、価値保存されることが十分期待できるといえるでしょう。

　また、価値保存の前提として、劣化しないという性質が必要です。たとえば 1 年以内に腐ってしまうなら価値保存がなされているとはいえません。ブロックチェーン上のデータは通常劣化しないので、価値保存機能は通常満たしていることが多いでしょう。ただし、ブロックチェーンのシステム障害や、ハードフォークなど、ステーブルコインの情報が記録されて

いる台帳についての不備が認められる場合にデータの正確性に疑義が生じ得る点には留意する必要があります。

まとめ

　流動性が高く価値保存がされているステーブルコインは貨幣の機能を満たし、新しいデジタル貨幣として普及する可能性があります。ステーブルコインにはさまざまなものがあり、すべてのステーブルコインが貨幣の機能を満たすわけではありません。しかし、日本の資金決済法や銀行法は、ステーブルコインがデジタルの新しい決済手段として利用される可能性があることを前提に、ステーブルコインに関する規律を整備しています。

　また、企業会計基準委員会（ASBJ）の「資金決済法における特定の電子決済手段の会計処理及び開示に関する当面の取扱い」（実務対応報告第45号）においては特定のステーブルコインが通貨と類似の性格、要求払預金と類似の性格をもつとされています。さらに、企業会計基準第32号「『連結キャッシュ・フロー計算書等の作成基準』の一部改正」において、キャッシュ・フロー計算書作成の際の現金の定義が改正され「現金とは、手許現金、要求払預金及び特定の電子決済手段をいう。」とされました。このようにステーブルコインの一部が現金同等物として扱われることになった背景には、貨幣や要求払預金との類似性があります。

　流動性が高く価値保存がされているステーブルコインは、特に新しいデジタル貨幣として普及する可能性があると考えられます。

ステーブルコインとは

　「ステーブルコイン」とは何か、これまでの説明で大体わかってきたと思います。しかし、これまでの説明でもステーブルコインの定義はいまだ明確になっていません。実は急激な技術の進歩により、ステーブルコインの意味はここ数年で変わりつつあります。本節では金融庁等公的機関やメディア、証券会社からのさまざまな資料を見ながら、ステーブルコインの概念とその変遷をとらえていきます。

政府の説明資料

　金融庁の「説明資料 安定的かつ効率的な資金決済制度の構築を図るための資金決済に関する法律等の一部を改正する法律案」[7]（2022 年 3 月）の 5 頁を見ると、法定通貨連動型ステーブルコインの中にもデジタルマネー類似型ステーブルコインとそれ以外（暗号資産型）のステーブルコインがあると記載されています。これらの区別は実務上も極めて重要です。

　デジタルマネー類似型ステーブルコインは「法定通貨の価値と連動した価格（例：1 コイン＝ 1 円）で発行され、発行価格と同額で償還を約するもの（及びこれに準ずるもの）」とされており、銀行預金と近い性質を有するものとして規律されます。

　それ以外（暗号資産型）のステーブルコインは法定通貨への償還が約束されるものではないので、価値が上下する可能性が相対的に高く、暗号資産の一種として規律されることが多いです。

　そもそも法定通貨連動型ではない（たとえば金等の商品や複数法定通貨を組み合わせた通貨バスケットに連動する）ステーブルコインも存在しま

7　金融庁「説明資料 安定的かつ効率的な資金決済制度の構築を図るための資金決済に関する法律等の一部を改正する法律案」（2022 年 3 月）
　https://www.fsa.go.jp/common/diet/208/03/setsumei.pdf

す。

　ステーブルコインという用語は相当広範かつ曖昧な概念なのです。

メディアでの解説

　新聞やウェブサイト上の用語集でもステーブルコインの定義（らしきもの？）が書かれていますので見ていきましょう。

---

　①野村証券　証券用語解説集 [8]
　　価格の安定性を実現するように設計された暗号資産（仮想通貨）のこと。（以下略）
　②日本経済新聞　きょうのことば（2023年9月6日）[9]
　　法定通貨や国際商品など裏付けとなる資産を担保に発行し、価格が大きく変動しないように設計された電子決済手段。（以下略）

　「価値が安定するように設計された」という趣旨のこと以外はバラバラの説明です。

　①の野村証券の証券用語解説集は暗号資産型のステーブルコインのことを書いているようです。

　②の日本経済新聞のきょうのことばは法定通貨連動型ステーブルコインのことを書いているようですが、「電子決済手段」という言葉がわからないと結局何なのかよくわかりません。

FATF の見解

　マネーロンダリング対策の国際基準策定・履行を担う多国間枠組であるFATF（Financial Action Task Force：金融活動作業部会）は「ステーブ

8　野村証券　証券用語解説集　https://www.nomura.co.jp/terms/japan/su/A03323.html

9　日本経済新聞　きょうのことば（2023年9月6日）
　https://www.nikkei.com/article/DGXZQOUB055KZ0V00C23A9000000/

ルコイン（Stablecoin）」という用語が、法的あるいは技術上の明確な用語ではなく、主に同種のコインの推進者等によるマーケティング上の用語であると認識しています。この点については、後ほどあらためて触れます。

改正資金決済法や銀行法における扱い

そして、2023年6月に施行された改正資金決済法や銀行法の中で「ステーブルコイン」という用語は出てきません。法令用語としてはステーブルコインの一部が「電子決済手段」として、暗号資産ではないものとして整理されました。

今回の法改正はステーブルコインという曖昧なものを、電子決済手段という法令用語を定義しつつ、世界に先駆けて綺麗に整理した画期的なものとして筆者（岡部）は評価しています。

ただ、このように、各所で違う説明がされているので、初めてステーブルコインのことを調べた人は、「ステーブルコインは暗号資産なの？仮想通貨なの？」「電子決済手段って何？」「安全なの？危ないの？」「結局よくわからないんだけど？」などと、すぐ疑問にぶつかります。

なぜこんなことになってしまったのでしょうか？

ここからは広義のステーブルコインと法令用語としての「電子決済手段」（筆者（岡部）は電子決済手段を「狭義のステーブルコイン」として説明するようにしている）の違いについて説明していきます。なお「電子決済手段」についての詳細な説明は、第2章44頁以降を参照してください。

ステーブルコインの定義の変遷

ステーブルコインはさまざまな国のさまざまな発行体によって発行されており、急速に発行額を増やしています。ステーブルコインのリスクは発行体や発行額に応じて異なり、適切な規制や会計処理はリスクに応じて変わるべきである、と筆者（岡部）は考えています。（たとえば銀行がステーブルコインを保有する際のリスクは、発行体のライセンスや価値の保全方式によって大きく変わってきます。詳しくは32頁で後述します。）

また、技術は日進月歩であり、各発行体はさまざまなステーブルコイン

を日夜研究開発しています。

　たとえば2019年6月にFacebook（現Meta）がLibraというステーブルコインの構想を発表しました。当初の構想は複数の法定通貨をバスケットにしたグローバルに流通するステーブルコインを作るというものでした。結果的に発行されなかったものの、数十億人が使う国際的に流通するステーブルコインを一企業が発行できることを示したもので、各国金融当局は大きな衝撃を受けました[10]。

　このように新しいステーブルコインが発表される度に定義を書き換えることにならないよう、あえて広めの範囲を定めて、慎重に規制や監督の議論を進めてきたという経緯があるのです。

　各ステーブルコインは発行体の種類や利用者との契約関係により法律上の扱いやリスクが異なります。すなわちステーブルコインの種類によって規制や勘定科目や会計処理が異なるということを意味します。

　そこでまず、広義のステーブルコインを表す言葉として「いわゆるステーブルコイン」（英語ではso-called stablecoins）という言葉が使われるようになりました。

　FATFの「いわゆるステーブルコインに関するG20財務大臣・中央銀行総裁へのFATF報告書要旨」（金融庁仮訳、2020年7月）[11]を参考に、ステーブルコインの定義について考えていきましょう。

10　金融安定理事会（FSB）常設委員会議長の氷見野金融庁金融国際審議官（当時）は鳴り響く目覚まし時計に例えて警鐘を鳴らした。
　　https://www.fsa.go.jp/common/conference/danwa/201909/20190909.pdf

11　https://www.fsa.go.jp/inter/etc/20200701.html

> **「いわゆるステーブルコインに関する G20 財務大臣・中央銀行総裁
> への FATF 報告書要旨」**（金融庁仮訳、2020 年 7 月）より抜粋
>
> 　いわゆるステーブルコイン（so-called stablecoins）[1]（※）は、金
> 融のイノベーション及び効率性を加速させるほか、金融包摂を改善す
> る可能性を秘めている。（中略）
> 　（※）用語に関する脚注：FATF は、「ステーブルコイン（stablecoin）」という用
> 語が、法的あるいは技術上の明確な用語ではなく、主に同種のコインの推進者等
> によるマーケティング上の用語であると認識している。そうした用語を（FATF と
> して）意図せずして推奨することを避けるため、本報告書では「いわゆるステー
> ブルコイン（so-called stablecoins）」と呼称している。その他の G20 報告書で「グ
> ローバル・ステーブルコイン（global stablecoins）」と呼ばれるコインについては、
> 同様の理由で、「マス・アダプションが発生する可能性があるいわゆるステーブル
> コイン（so-called stablecoins with the potential for mass-adoption）」と呼称し
> ている（以下省略）。
>
> 訳注 1　以下では、FATF 報告書上の「いわゆるステーブルコイン」を、「ステーブルコイン」と訳す。

　1．Libra 以前は USDT や USDC や DAI 等パブリックチェーン上で発行されている法定通貨に価値が連動するように設計されたファンジブルトークン（取り替えても価値が変わらないトークン）がまとめてステーブルコインと呼ばれていた。

　2．その後、前述 Libra のように 1 国の法定通貨に連動していなくても世界中で流通する価値が安定したいわゆるグローバルステーブルコインが普及する可能性が示された。

　3．各国当局はグローバルステーブルコインを脅威ととらえ、何とか規制する方法を考えることにして、それまでの間、グローバルステーブルコインを発行させないように圧力をかけることで合意した。（https://www.fsa.go.jp/inter/etc/20200701.pdf）

　4．ステーブルコインの定義を一時的に拡大して法定通貨建てでなくて

も世界的に広く決済につかわれる可能性があるものを機動的に規制できる枠組を各国整備することにした。

　５．TerraUSD の破綻[12]等もあり、ステーブルコインを法定通貨裏付で法定通貨で償還を約した価格安定性が高いものとそれ以外の価格安定性が低いと考えられるものに大別する分類法が支持され、各国がそれに沿って法整備を進めることにした。（筆者（岡部）の私見）

　６．日本はいち早く前者を電子決済手段として暗号資産から分離して規制し、後者は引き続き暗号資産として既存の暗号資産交換業の規制を適用することにした。（金融庁の図から引用）

　７．現在日本において１の（従前の）ステーブルコインの定義、４の（法定通貨連動以外にも拡大した）ステーブルコインの定義、電子決済手段を（これから主流になりそうな）ステーブルコインとする定義の３つが混在している。

　具体例として構想時の Libra（通貨バスケット）が、日本においてステーブルコインであるとされるかどうかを考えてみましょう。
　・１の定義では Libra は通貨バスケットで法定通貨建てでないのでステーブルコインではない
　・４の定義では Libra はステーブルコインである
　・７の定義では広く流通して金融庁長官が指定したら、その時点から Libra はステーブルコインとなるが、それまでは Libra はステーブルコインではない
　ということになります。

法務・会計・税務にあたっての考え方

　第３章で詳しく述べますが、ステーブルコインの法務・会計・税務を考える際は「ステーブルコインだから○○」とまとめて考えると間違えやす

12　2022 年 5 月、一時 2 兆円以上の流通量を誇った TerraUSD に一種の取り付け騒ぎが起こった。TerraUSD は短期間で急落し、最終的に無価値になった。

いのでお気をつけください。「法定通貨の価値と連動した価格（例：1コイン＝1円）で発行され、発行価格と同額で償還を約するもの（およびこれに準ずるもの）」かどうか、暗号資産に該当するかどうか、電子決済手段に該当するコインの中でも資金決済法2条5項4号に該当するものでないかどうかなど、ステーブルコインの法務・会計・税務を考える際は着目すべき観点が多岐にわたります。

「このコインは暗号資産だからこのように処理する」「このコインは資金決済法2条5項3号の電子決済手段だからこのように処理する」というように、必ず個別具体的に検討する癖をつけてください。勘定科目も変わってきますし、時価評価すべきかどうか等にも影響します。

COLUMN

「ステーブルコイン」の認識状況

筆者（岡部）の体感では利用者やマスコミの多くは1の認識、専門家は4の認識が多く、一部7という印象です。今後電子決済手段の発行流通が増えてきたらだんだん7が増えていくかもしれませんね。

見出し等の都合上「いわゆるステーブルコイン」のことを「ステーブルコイン」と書いている記事を多く目にします。また、改正法施行後の2023年6月以降は電子決済手段のことをステーブルコインと書く記事も増えてきました。

法令上の定義ではないのであまり神経質になるのは良くないですが、ステーブルコインに関する記事を読む際や他の人とステーブルコインについて話すときは、どの定義に基づく話なのかを意識すると誤解が生じにくいでしょう。

ステーブルコインの特長

　ここからはステーブルコインの代表的な特長について説明します。特に既存決済手段が苦手とする機能にフォーカスします。ステーブルコインを社会実装する上では既存決済手段が苦手とし、ステーブルコインが得意とするユースケースで最初に広がっていくことが予想されるからです。

クロスボーダー（越境）

　自分のウォレットに入ったステーブルコインは、どこかの国の金融機関に預けているわけではありません。自分が世界中どこにいても自分のものです。

　この性質から、クロスボーダー取引で使う際にステーブルコインは非常に便利です。

　たとえば10億円分の財産を日本から米国に運ぶとします。紙幣で10億円を運ぶのは重いですし危ないです。また、100万円を超える現金を持ち出すには税関への申告が必要で、空港でマネーロンダリングの疑いをかけられて没収されてしまうかもしれません。

　かといって銀行口座で送る場合は米国に銀行口座が必要です。非居住の外国人が銀行口座を開設することは容易ではありません。両替手数料、送金手数料も高く、目的を申告しても銀行からマネーロンダリングの疑いをかけられて拒否されることがあります。

　それに対して10億円分のUSDCをメタマスクなどの自分のウォレットに入れて米国に旅行しても、価値の移転のために現金を持ち出す必要はありません。米国のUSDC決済できるお店では最大10億円分まで支払いが可能です。その際の手数料もほとんどかかりません。

　そもそも自分がわざわざ現地に行って、支払う必要すらありません。米国のお店のウォレットがわかればそこにすぐ送金することができます。

　この性質は善良な利用者にとって非常に高い利便性があるとともに、詐

欺師等の悪意のある利用者にとっても非常に高い利便性があります。

　2023年の夏、フィリピンで日本の特殊詐欺グループが摘発されたニュースが報道されましたが、たとえば特殊詐欺グループが外国を拠点にしてステーブルコインを詐取した場合、その財産的価値は即座に外国で使用できるため、取り返すことが非常に困難です。

　安全性と利便性のジレンマですが、クロスボーダーはステーブルコインの第一の特長です。

　筆者（岡部）はステーブルコイン発行体が詐欺等で奪われたステーブルコインをブロックする機能は必須と考えており、日本の法令も発行体にそのような機能の実装を義務づけるものとなっています。具体的には、詐欺などに使用されたウォレットに対してステーブルコインの移転を不可能にしたり（ブロック）、あるいはすでに移転されてしまったステーブルコインを他のウォレットに移動することができなくするという機能によって、犯罪行為の被害を最小限にすることが求められています。

　特殊詐欺グループ等はブロック機能が入っていないステーブルコインを普及させようとする動機があると考えられます。また、利便性と善良な利用者にとっての安全性だけで考えればブロック機能はない方が安心して使えることから、ブロック機能がないコインが世界的に普及する可能性はあり得ます。さらに、技術的にはブロック機能が入っていないステーブルコインの方が、作るのも簡単で運営コストも安いです。そして、送金コストも（わずかではありますが）ブロック機能が入っていないステーブルコインの方が安くなります。

　このように、ブロック機能が入っていないステーブルコインにも利点があることは事実です。もっとも、犯罪行為を抑止するためにはブロック機能は重要であり、日本だけでなく、海外の発行体であってもブロック機能を実装する必要があると筆者（岡部）は考えています。

マルチカレンシー（複数通貨）

　自分のウォレットには複数通貨建てのステーブルコインと複数の暗号資産をまとめて入れることができます。ステーブルコインと暗号資産が同じ

規格で発行されることで、多くの国と取引する場合の管理コストが下がります。

今までは日本円はＡ銀行口座、米ドルはＢ銀行外貨口座、ユーロはＣ銀行外貨口座のように分かれて管理されていましたが、ステーブルコインは一つの自分のウォレットに全部入れることができますし、外貨口座作成手続きも必要ありません。ウォレットの作成にあたっては、口座開設のようにウォレット作成を拒否されることもありません。もちろん複数のウォレットに分けて保有することも可能です。

ステーブルコイン間の交換は、後述するようにスマートコントラクトによって自動化させることが可能です。また、パブリックブロックチェーン技術自体がデータの改ざんをすることが困難な分散型台帳技術であり、維持管理コストもチェーン参加者全体で賄っているために、ステーブルコインの移転および交換のコストは銀行の送金および両替コストより安くなる場合があるといえます。

そのため、外貨預金に代えて複数の外貨建てのステーブルコインを保有するという利用者も今後増えてくるのではないかと考えています。

USDCを発行するCircleや筆者（岡部）が代表を務めるJPYCは世界中のステーブルコインを共通の規格で統一することで、安全で効率的で利便性の高い決済を世界中の利用者に提供できると考えています。

ここでも各国のステーブルコインの規制が変わってくると規格が国によって異なってしまうリスクがあるので、ステーブルコイン規格を世界レベルでそろえるためにも世界中の規制をそろえることが重要です。規制の目的は、利用者保護や、マネーロンダリング防止、税金の徴収といった点にあり、方向性は各国同じであると考えられます。

プログラマブル（プログラムによる機能実装が可能）

ステーブルコインはスマートコントラクト等のプログラムにより機能を付加することができます。この側面を表す言葉として「プログラマブルマネー（Programmable Money）」と呼ばれることもあります。たとえば発行体はブロックリスト機能を付加してテロリストに渡ったステーブルコイ

ンをブロックしたり、ポーズ機能を付加して緊急事態発生時にステーブルコインの流通を一時停止することができます。

　また、利用者は特定のアドレスに送られたステーブルコインを、あらかじめ決められた複数のアドレスに、あらかじめ決められた割合で自動移転する、といったプログラムを作成することができます。複数の権利者がいる作品を販売した場合、これまでは売上を集計して配分するという手間がかかっていましたが、スマートコントラクトを使用した NFT であれば、販売や転売されたと同時に、あらかじめ決められた割合で売上利益が各権利者に自動で移転させることが可能となります。もちろんステーブルコインであれば移転に伴う手数料も銀行振込みと比べて格安になります。アーティストにとって NFT は「二次流通（転売）されたときにも利益配分がある」という大きな魅力がありますが、これもスマートコントラクトならではの機能です。

　商品と引き換えられる NFT とステーブルコインを同時に交換するプログラム（自動販売機のようなもの）や、ステーブルコイン同士を自動で交換するプログラム（分散型取引所もしくは DEX 等）もすでに作られており、（現在は USDC や USDT を中心に）24 時間稼働しています。

　マルチカレンシーで同じ機能をもったステーブルコインが世界中に普及すると、上記のような機能を実現するスマートコントラクトはオープンソースで公開される動きが促進されるでしょう。USDC と JPYC 等、通貨が異なっても規格がそろっていれば、USDC 用に作成されたサービスのプログラムコードを数行書き換えるだけで JPYC でも動くと考えられ、世界中のシステムに安価に組み込むことができるようになるでしょう。

転々流通性

　転々流通性は不特定多数に対して繰り返し譲渡できる性質です。多くの電子マネーは加盟店や会員に対してのみ譲渡できたり、そもそも譲渡が規約等で禁止されていたりします。また、譲渡を受けた人が再度譲渡できない性質をもっていることも多いです。

　それに対してステーブルコインは一般的に、現金のように不特定多数の

利用者（発行体や仲介者の口座をもっているかどうかは問いません。）の間で転々流通する性質をもっています。

　もちろんプログラマブルの性質により、転々流通性に故意に制限をかけることもできますが、多くのステーブルコインは転々流通性を維持しており、筆者（岡部）は転々流通性はステーブルコインの大きな特長だと考えます。これにより、プログラマブルと組み合わせてさまざまな価値の譲渡を伴う処理を（ブロックチェーンが動き続ける限り）恒久的かつ完全に自動化することもできます。

まとめ

　「クロスボーダー」「マルチカレンシー」「プログラマブル」「転々流通性」というステーブルコインの性質は、決済にかかるさまざまなコストを効率化する可能性を秘めています。特にプログラマブルの性質をうまく使うことで、安全性を高めるコストを下げたり、自動化を進めて利便性を上げて決済手数料を下げる可能性に筆者（岡部）は注目しています。しかしながら、ステーブルコインの規格が世界各国でバラバラであれば限定的な効率化にとどまるでしょう。そういう意味で今後各国で法定通貨建てのステーブルコインの規格がそろうかどうかは焦点になります。

COLUMN

　スマートコントラクトとは

　スマートコントラクトは、ブロックチェーン上で動作する自動実行プログラムです。契約や合意の条件がコードで書かれ、特定の条件が満たされたときに仲介者が関与することなく自動的に実行されるものです。契約条件などの内容はブロックチェーン上に公開され、透明性が担保されます。また一度ブロックチェーンに記録されると本人も第三者も変更や削除は不可能で、不正を防ぐことができます。スマートコントラクトに記述された条件にしたがって実行された取引はブロックチェーン上に刻まれ、改ざんすることができません。これらの特徴によりスマートコントラクトを用いて、中央の仲介者や第三者なしで透明かつ迅速な取引を行うことができます。

ステーブルコインの取引方法

　ステーブルコインは現金と同様にさまざまな取引の決済手段として使われます。ステーブルコインの代表的な取引方法についてまとめます。これらの取引に伴う税務については、第3章をご覧ください。

発行体から購入、償還

　ステーブルコインの取引としてまず挙げられる取引は、直接発行体からステーブルコインを購入したり、発行体にステーブルコインを送って法定通貨を償還してもらう取引です。日本円建てであれば難しいことはないと思いますが、外国通貨建てであれば評価や利益計算の論点が出てくるでしょう。

取引業者で購入、償還、交換

　取引業者とは、暗号資産交換業者や（新設の許認可事業である）電子決済手段等取引業者のことです。暗号資産交換業者は暗号資産型ステーブルコインの売買や交換を行う取引が可能です。電子決済手段等取引業者は電子決済手段の売買や交換をすることが可能です。基本的には発行体から購入、償還する場合と同様ですが、セカンダリーの取引なので需要と供給によって時に0.1%くらい安く買えたり0.1%くらい高く売れることがあり得るでしょう。たとえば、ドル円相場が急激に動いてもUSDステーブルコインとJPYステーブルコイン価格はリアルタイムで追随するとは限りません。取引市場の価格差が生じ得るため、アービトラージ（裁定取引）を狙う投資家が収益を上げる余地があります。

寄附としてあげる、貰う

　ステーブルコインの寄附は、基本的に法定通貨の寄附と同様に考えられそうですが、各法令（たとえば政治資金規制法）に金銭や預金と書かれて

いた場合に電子決済手段とされたステーブルコインに対して当該規制が適用できるのかが論点となりそうです。

商品サービスの決済として支払う、貰う

電子決済手段を単に決済手段として取り扱う場合は、暗号資産を決済として取り扱う場合の考え方が参考になります。いずれにせよ、電子決済手段等取引業ないし暗号資産交換業に該当するか否かに留意しながら、当該コインを商品サービスの決済に利用できるか検討することになります。

貸し出す、受け取る（レンディング）

貸金業のように貸したり借りたり、取引保証金として一時的に受け取るといった取引が考えられます。レンディングすると貸出し料を受け取って利益を上げることができます。電子決済手段の貸付けについては、貸金業法の適用がないか等について、実質的な検討が求められるといえます。

ステーキングとして預ける、引き出す

ステーキングとは、対象のトークン（暗号資産や電子決済手段）を保有し取引業者（暗号資産取引業者等）やスマートコントラクトに預けることで報酬を受け取れる仕組みのことです。ステーブルコインを預けると受け取れる報酬の種類は暗号資産やステーブルコイン、NFT 等さまざまなものがあります。スマートコントラクトであれば通常いつでもステーキングを解除して引き出すことができます。他人の暗号資産や電子決済手段を管理する場合は、カストディ業に該当する可能性があります。そのため、電子決済手段等取引業ないし暗号資産交換業の登録が必要であるかどうかについて検討する必要があります。

その他

Uniswap 等の分散型取引所（DEX）にステーブルコインを流動性として供給したり、供給した流動性を解除することが考えられます。流動性を使って取引が行われた場合は通常ステーブルコインや暗号資産が手に入

り、利益を得ることができるので、その税務処理についても考える必要があります。

COLUMN

「流動性供給」とは

分散型取引所で、あるステーブルコイン A と他のステーブルコイン B を交換する際に、プールされたステーブルコインのペアが必要となります。

分散型取引所では中央集権的な管理者がいませんので、ユーザーが同価値のステーブルコイン A と B を預け入れて、それがスマートコントラクトで自動的に運用されます。これを流動性プールと呼びます。

A と B の交換を希望するユーザーは、いつでもスマートコントラクトプール内のコインを相互に交換することができます。プール内の残高の積は、ある一定の数値になるようにプログラムされており、分散型取引所を通じてトークンの交換を希望するユーザーは、市場価格に到達するようにトークンの交換を行う数量を決定し、交換を実現することになります。これにより、流動性プールが形成する交換レートは、現実世界のトークンペアの交換レートに近づくこととなり、ある種の市場が自律的に形成されることになります。

このような仕組みは AMM（Automated Market Maker：自動マーケットメイカー）と呼ばれており、分散型取引所の基盤を支える技術となっています。

筆者（岡部）が代表を務めている JPYC 株式会社が発行している日本円ステーブルコイン JPYC は、すでに多くの主要な分散型取引所で流動性供給がされています。

また流動性供給されたことをもって、「DEX に上場した」と表現することがあります。

※上場といっても、東証のような取引所や許認可を得ている暗号資産交換業者で取引できるようになっているものと異なる点には、注意が必要です。

ステーブルコインを分類するさまざまな着眼点について解説します。

「償還を約するかどうか」による分類

　「発行体が償還を約するかどうか」「発行体が償還を約している場合、どの資産で償還するか」はステーブルコインを分類する上で極めて重要です。

　ステーブルコイン発行体が法定通貨で償還を約している場合、発行体は資金移動業や信託、預貯金取扱金融機関相当のライセンスを保有していると通常考えられます。

　一方で、暗号資産で償還を約している場合は、スマートコントラクト等のアルゴリズムによって価値を保つよう設計された場合など発行体が存在するとは限りません。しかしながら、ライセンスをもった発行体が存在しない場合はスマートコントラクトに不具合が発生した場合に責任をとる主体が存在しない可能性が高く、利用は自己責任・自己運用の範囲となります。DAI のように国内でライセンスを有する暗号資産交換業者で安定して取引がされている場合は暗号資産交換業者経由で換金できる期待がある程度認められるためまだ良いのですが、そうでない場合は通常、取引しない方が良いと考えられます。

発行体による分類

　発行体は国内事業者の場合もあれば海外事業者の場合もあり、アルゴリズム型の場合など発行体がわからない場合もあります。代表的な発行体は信託事業者、資金移動業者、預貯金取扱金融機関、暗号資産交換業者、前払式支払手段発行業者、無償ポイント発行業者等が考えられます。

図表　日本のステーブルコインの代表的な発行体（予定含む）

発行体	説明・例
信託銀行・信託会社	信託版JPYC（2024年発行予定）
資金移動業者	資金移動業者版JPYC（2024年発行予定）
預貯金取扱金融機関	北國銀行デジタル地域通貨トチカ（2024年発行予定）
前払式支払手段発行体	前払のJPYC(2021年より発行)
無償ポイント発行業者	珠洲市トチポ（2024年以降発行予定）

ブロックチェーンの性質による分類

　ブロックチェーンにはパブリックチェーンと呼ばれる誰でも参加できるチェーン、コンソーシアムチェーンと呼ばれるコンソーシアムが参加を認めた場合のみ参加できるチェーン、プライベートチェーンと呼ばれる特定の運営者の許可を得た場合のみ利用できるチェーンがあります。どのチェーン上で発行されているかで転々流通性が変わってきます。

財産保全（倒産隔離）による分類

　発行体に事故があった際にステーブルコイン保有者が補償を受けられるかによる分類です。

　日本の法律上、資金移動業者は現金または日本国債で法務局に100％以上供託を行うことが義務づけられており、倒産隔離されているといえます。例外的に金融機関や保険会社、保証会社から保証を受ける方法や信託により倒産隔離する方法も認められています。厳密には40年満期の超長期国債で供託することもできるので、その間に日本国がデフォルト（債務不履行）すると100％返ってくる保証はありませんが、日本国が債務不履行する確率は、一般的に日本の銀行が破綻する確率より低いと考えられます。

　信託会社は預金を100％以上有していると考えられ信託会社の倒産からは保護されていますが、預金が銀行の倒産等で失われた場合は倒産隔離されているとはいえません。預貯金取扱金融機関発行のステーブルコインと同等のリスクがあるといえます。

預貯金取扱金融機関はステーブルコイン発行に見合った財産が保全されていませんが、一定の自主規制比率を守る義務があります。このため銀行が倒産することはないと考える人が、預貯金取扱金融機関の発行するステーブルコインを利用すると考えます。この分類は後述の BIS リスクウェイトによる分類と密接に関連します。

　発行体が破綻した際に財産保全されないステーブルコインが広く流通するとは通常考えにくい（預貯金取扱金融機関を除く）のですが、発行体が倒産隔離していないステーブルコインも存在するため注意が必要です。

まとめ

　ステーブルコインを分類する着眼点は複数ありますが、税理士の先生方にとって分類する目的は、法律上の分類とリスクを確認するための分類でしょう。

　法定通貨と比較して値段が変動しないことがステーブルコインの前提ですから、BTC や ETH 等の暗号資産のように急激に価格が上昇することは考えにくいです。したがって金融機関をはじめとするステーブルコイン保有者にとって、リスクは低ければ低いほど良いと考えられます。リスクが低いステーブルコインは、通貨類似性や要求払預金類似性から、キャッシュフロー計算書上で現金として扱えるメリットがあります。リスクが高いステーブルコインは、引当金や自己資本を余分に積む必要が生じる可能性があります。

COLUMN

USDT はどうなる？

USDT（Tether）は世界で最も発行量の多いステーブルコインであり、世界中の暗号資産交換業者や DeFi（分散型金融）で事実上基軸通貨がわりに使われています。しかし、研究者や各国当局者の中には裏付資産に疑念をもつ人もおり、今もさまざまな意見があります。

金融庁の「デジタル・分散型金融への対応のあり方等に関する研究会」第 12 回（2023 年 11 月 13 日開催）

（https://www.fsa.go.jp/singi/digital/gijiroku/20231113.html）においても USDT について白熱した議論が展開されています。

※発言者の岩下メンバーは京都大学大学院教授で、当該発言は金融庁自体の意見ではないものの、金融庁の公的な研究会での発言であることや岩下メンバーが元日銀 Fintech センター初代センター長で金融庁参与であることなどを考えて金融庁の考え方にも一定の影響力を有すると筆者（岡部）は考えています。

> （前略）ところが、今日の片山さんのお話とか、あるいは冒頭の事務局の国際的なステーブルコインの議論を聞いていると、ちょっと状況が変わっている。多分、2 年前はフェイスブックのリブラショックの後で、何となくグローバル・ステーブルコインとはリテール周りのものであって、決済用に使われるものなので、Tether とかは別という前提で議論していて、報告書もそういう内容になっていると思います。暗号資産型のステーブルコインというのはあるけれども、これは別なのだよという書き方をたしかにしてあったと思います。
>
> ただ、今の議論を聞いていると、明らかにもう Tether こそがステーブルコインの代表になっているようです。私は Tether をまともな金融商品として扱うという議論に参加したくはなくて、ああいうものはできるだけそういう議論から離しておかないといけない、ビットコインよりもはるかにやばいものだと思っています。ところが、Tether は既に実態として世界最大のステーブルコインとして存在しているので、もう議論として外せないみたいになってしまっているような気がします。そうだ

> とすると、今後、国際の場で、あるいはこの研究会でも、ステーブルコインの議論をする際に、いわゆる決済型、あるいはデジタルマネー型のステーブルコインと、それから、当時は暗号資産型と言っていた、今、世の中で言う普通のステーブルコインが共存する形になると思うのですけれども、これはそういう考え方に変わるということでよろしいのでしょうか。(後略)

　なお、上記質問に対する事務局(金融庁)の回答は、

　「我々はその後法改正をして、電子決済手段というものを位置付けた。それをデジタルマネー類似型ステーブルコインと呼んだ」

　「それぞれのステーブルコインの償還の仕組みとか資産保全の内容をしっかり見て、実態を見て(電子決済手段なのか暗号資産なのかを)判断していく」

　というものでした。

　専門家もこの2年間の状況変化のスピードとUSDTが普通のステーブルコインとしてますます広く普及していることに困惑しているように感じられます。

　金融庁もあえて暗号資産か電子決済手段なのか断言しない(暗号資産というと暗号資産交換業者で扱えるし、過去の説明と異なる。外国電子決済手段というと安全に取り扱えると誤解を招いてしまうのでなるべく長期間判断を保留する方針かもしれません)というところに趣を感じます。

　今後USDTが世界的にどのように扱われるのか、注目したいと思います。

第2章

ステーブルコインと法律

清水音輝 ［著］

2022年資金決済法改正の概要

※　第2章は、筆者である清水が個人の見解を記載したものにすぎず、筆者が所属する組織の見解ではない点について、何卒ご承知おきください。

　2022年6月3日、「安定的かつ効率的な資金決済制度の構築を図るための資金決済に関する法律等の一部を改正する法律」が成立し、同法は、2023年6月1日、2022年資金決済法等改正に係る主要な政令・内閣府令とともに施行されました。かかる法令改正によって電子決済手段に関する規定が新設され、事業者がステーブルコインの発行・償還および仲介を実施できるように、諸規則が整備されました。

　ステーブルコインには明確な定義は存在しませんが、一般的には、特定の資産と関連して価値の安定を目的とするデジタルアセットであって、分散台帳技術（またはこれと類似する技術）を用いているものを意味します[1]。今回の法令改正では、ステーブルコインのうちの一類型が「電子決済手段」と定義され、その発行・償還および仲介に関する規定が整備されました。電子決済手段は、いわゆるデジタルマネー類似型ステーブルコインを念頭に規定されています。デジタルマネー類似型ステーブルコインとは、法定通貨の価値と連動した価格（例：1トークン＝1円）で発行され、発行価格と同額で償還を約するものであり、イーサリアムなどのブロックチェーンにおいてしばしば発行されています。

　ブロックチェーンにおいて流通するステーブルコインには、その移転が容易であり、移転が完了するまでの時間も短いという利点が存在します。そのため、近年、ステーブルコインの発行量および流通量は、海外において急速に増加していました。もっとも、このようなステーブルコインは、

1　Financial Stability Board "Regulation, Supervision and Oversight of "Global Stablecoin" Arrangements"（2020年10月13日）
https://www.fsb.org/2020/10/regulation-supervision-and-oversight-of-global-stablecoin-arrangements/

発行体において裏付けとなる資産の保全が十分でない可能性があるなど、しばしば利用者保護に課題があるとの指摘もなされているところです。

　そこで、今回の改正では、利用者保護のために、電子決済手段の発行・償還または仲介を行う事業者が取得する必要があるライセンスが明確化され、かかる事業者が負う義務の内容について、政省令やガイドラインの規定等が整備されました。具体的には、ステーブルコインの発行および償還を行う事業者として、銀行[2]、信託銀行、資金移動業者ならびに特定信託会社が念頭に置かれ、特に資金移動業者や特定信託会社等の特定信託受益権の発行者を対象にして、政省令やガイドラインの整備が進められました。かかる規定により、実効的な形でステーブルコインの発行および償還を行うための環境が整いつつあります。

　また、発行されたステーブルコインを取り扱う事業者として電子決済手段等取引業者に関する規定が新設されました。これにより、発行されたステーブルコインの販売等に関するサービスを実施するにあたって遵守しなければならない義務の内容が明確になりました。

ステーブルコインの発行および償還

　ここでいうステーブルコインの発行とは、ステーブルコインの発行体が、利用者から日本円などの法定通貨を受け取り、受け取った法定通貨の額に応じてブロックチェーン上のトークンを利用者に移転させることを意味します。また、ここでいうステーブルコインの償還とは、ステーブルコインの発行体が、利用者から当該トークンを受け取り、受け取ったトークンの数量に応じて法定通貨を利用者に返還させることを意味しています。

2　なお、銀行によるパーミッションレス型ブロックチェーンを用いたステーブルコインへの関与については、銀行の業務の健全かつ適切な運営等と両立しない可能性が国際的にも示されている中、銀行の業務の健全かつ適切な運営等の観点から懸念があるため、銀行による電子決済手段の発行については慎重な検討が必要であると考えられています（2023 年 5 月 26 日付パブコメ回答〔電子決済手段等関係〕No.8）。

図表　ステーブルコインの発行および償還

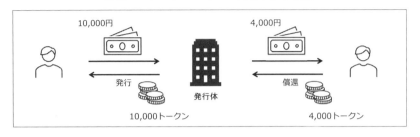

　このようなステーブルコインの発行および償還は、「為替取引」に該当すると考えられています（移動業ガイドラインⅣ－2参照）。「為替取引」とは、「顧客から、隔地者間で直接現金を輸送せずに資金を移動する仕組みを利用して資金を移動することを内容とする依頼を受けて、これを引き受けること、又はこれを引き受けて遂行すること」をいいます[3]。デジタルマネー類似型ステーブルコインの発行および償還は、ステーブルコインの発行を受けた利用者から、償還によって法定通貨を受け取った利用者への、直接現金を輸送しない資金移動であり、為替取引に該当するといえます。

　事業者が為替取引を行う場合、当該事業者が利用者に対して負担する為替取引に係る債務を履行するために十分な資力がない場合、利用者またはその関係者に不測の損失が生じる可能性があります。そのため、資金決済法改正以前においても、為替取引を行うことができるのは銀行や資金移動業者等の限られた事業者のみでした。さらに、改正前の法令はステーブルコインの発行および償還を前提にしていなかったため、海外で一般に流通しているようなステーブルコインの発行および償還を国内で行うことは事実上困難でした。

　他方、資金決済法改正後は、特定信託会社等による特定信託受益権を利用した特定信託為替取引に関する規定が新設され、また、資金移動業者が実効的にステーブルコインの発行および償還を行うことができるように政

3　最高裁決定平成13年3月12日最高裁判所刑事判例集55巻2号97頁参照。

省令やガイドラインが整備されました。これらの法令改正により、国内においては、さまざまな事業体によってステーブルコインの発行および償還が行われる環境が整いつつあります。確かに、ステーブルコインの発行体は、裏付け資産の保全に関する義務等のさまざまな資金決済法その他の規制法上の義務を順守し、犯収法（犯罪による収益の移転防止に関する法律）等に基づく本人確認等のマネー・ローンダリング対策を適切に実施する必要があるため、その態勢の構築および運営は決して容易ではありません。もっとも、規制の明確化により、資金移動業者や特定信託受益権の発行者は、実効的な形でステーブルコインの発行および償還を行うことが可能になっているといえます。

ステーブルコインと電子決済手段等取引業

改正資金決済法においては、電子決済手段にあたるステーブルコインの仲介を行う事業として、電子決済手段等取引業についての規定が新設されました。以下の行為を業として行う者は、電子決済手段等取引業の登録を取得する必要があります（資金決済法 2 条 10 項）。

---

① 電子決済手段の売買または他の電子決済手段との交換

② ①に掲げる行為の媒介、取次ぎまたは代理

③ 他人のために電子決済手段の管理をすること [4]

④ 資金移動業者の委託を受けて、当該資金移動業者に代わって利用者（当該資金移動業者との間で為替取引を継続的にまたは反復して行うことを内容とする契約を締結している者に限る。）との間で次に掲げる事項のいずれかを電子情報処理組織を使用する方法により行うことについて合意をし、かつ、当該合意に基づき為替取引に関する債務に係る債権の額を増加させ、または減少させること

4　信託会社または信託銀行等が信託業として行うものを除きます（電取業府令 4 条参照）。

イ　当該契約に基づき資金を移動させ、当該資金の額に相当する
　　為替取引に関する債務に係る債権の額を減少させること

ロ　為替取引により受け取った資金の額に相当する為替取引に関
　　する債務に係る債権の額を増加させること

　電子決済手段等取引業についての規定は、暗号資産交換業に関する規定
に類似しており、電子決済手段等取引業者に対して、分別管理や態勢整備
について暗号資産交換業が負う義務に類似した義務の順守を求めていま
す。電子決済手段等取引業者は、取り扱う電子決済手段の性質を踏まえた
上で、利用者財産の分別管理や、利用者保護に関する資金決済法上の規制
等を順守し、犯収法等に基づく本人確認等のマネー・ローンダリング対策
を適切に実施する必要があります。

ステーブルコインと利用者間取引

　以上のとおり、電子決済手段の発行・償還および仲介に関する事業につ
いてはさまざまな規制が課されています。もっとも、かかる規制は、利用
者間の価値の移転を著しく制限するものではない点には注意する必要があ
ります。事業者ではない一般の利用者が自己のアンホステッド・ウォレッ
ト[5] を通じて、利用者間で電子決済手段を移転させる場合に、電子決済手
段の発行者や電子決済手段等取引業者に関する規制が利用者に対して及ぶ
わけではありません。電子決済手段の発行者や電子決済手段等取引業を行
う者が関与しない単なる利用者間の電子決済手段の移転については、第二
種資金移動業者[6] が負うような 100 万円を上限とした移転額の制限は存在
せず、犯収法上の特定事業者に該当しない単なる利用者が、同法に基づく

5　アンホステッド・ウォレットとは、利用者が自ら管理するウォレットであり、利用者が第三の事業者
　　を介さずとも利用者間でブロックチェーン上の資産を移転させることを可能にしています。

6　「第二種資金移動業」とは、資金移動業のうち、100 万円以下の資金の移動に係る為替取引のみを業と
　　して営むこと（第三種資金移動業を除きます。）をいいます（資金決済法 37 条 2 項）。

取引時確認の義務を負うわけでもありません[7]。

　資金決済法改正は、適切な利用者保護等を確保するとともに、分散台帳技術等を活用した金融イノベーションに向けた取組み等を促進することをも目的としています。同改正は、単にステーブルコインを規制するだけではなく、パブリックブロックチェーンにおいて電子決済手段に関する事業を可能にする環境を整備し、利用者間の自由な価値の移転を尊重している点で意義が大きいといえます。

7　外国へ向けた 3,000 万円を超える支払いに係る財務大臣への報告義務など、外為法その他の規制の存否については別途確認する必要があります（外為法 55 条 1 項、外為令 18 条の 4 第 1 項、報告省令 1 条 1 項参照）。

ステーブルコインと電子決済手段について

ステーブルコインの法令上の位置づけ

　ステーブルコインの法令上の位置づけを考える際には、まず、議論の対象が民事法の問題か規制法の問題かについて判断する必要があります。

　ステーブルコインの民事法の問題としては、当該ステーブルコインの保有者にいかなる性質の権利が認められるか、あるいはその権利がどのように移転するかといった問題が挙げられます[8]。たとえば、法定通貨での償還が約されているデジタルマネー類似型ステーブルコインの保有者に帰属する権利はいかなる金銭債権であるか、あるいはその権利の移転がどのように整理されるかといった論点は、民事法の問題として非常に重要になります。

　他方、規制法については、ブロックチェーン上のステーブルコインとの関係では主として銀行法、金商法および資金決済法の適用関係を検討する必要があります。デジタルマネー類似型ステーブルコインについては、「有価証券」該当性に留意しつつ、「電子決済手段」に該当するか否かを検討した上で、主として資金決済法における規制の適用関係を検討することになります。資金決済法においては、「暗号資産」や「前払式支払手段」等の決済手段に関する規制が規定されていますが、電子決済手段の規制を考える上では、他の決済手段に関する規制との関係についても検討する必要があります。

8　日本銀行金融研究所「『デジタルマネーの私法上の性質を巡る法律問題研究会』報告書　デジタルマネーの権利と移転」（2023 年 6 月）参照。
　https://www.boj.or.jp/about/release_2023/rel230609a.htm

図表　電子決済手段の法令上の位置づけ

金商法	資金決済法		
有価証券に表示されるべき権利の例 ・株式 ・社債 ・集団投資スキーム持分	電子決済手段 ・1号 ・2号 ・3号 ・4号	暗号資産	
	前払式支払手段	・自家型 ・第三者型	

　以下、電子決済手段の定義を確認し、電子決済手段と有価証券や他の決済手段等との関係を検討した上で、ステーブルコインの法的性質に関する議論を検討していきます。

電子決済手段の定義

　電子決済手段とは、資金決済法に規定された決済手段のうちのひとつです。ステーブルコインには、大きく分けてデジタルマネー類似型ステーブルコインと暗号資産型ステーブルコインが存在するといえますが、電子決済手段は、主としてデジタルマネー類似型ステーブルコインを念頭において規定されています。電子決済手段の発行を行う場合、銀行業の免許、資金移動業の登録、または信託業の免許が必要になる場合があり、また、電子決済手段の交換等を行う場合、電子決済手段等取引業の登録が必要になる場合があります。そのため、電子マネーやブロックチェーン上のトークンが電子決済手段に該当するか否かは、実務上しばしば問題となります。電子決済手段は資金決済法において定義されていますが、具体的には以下の4つの類型が挙げられます（資金決済法2条5項）。

図表　電子決済手段の類型

類型	内容
1号電子決済手段	物品等を購入し、もしくは借り受け、または役務の提供を受ける場合に、これらの代価の弁済のために不特定の者に対して使用することができ、かつ、不特定の者を相手方として購入および売却を行うことができる財産的価値（電子機器その他の物に電子的方法により記録されている通貨建資産に限り、有価証券、電子記録債権、前払式支払手段その他これらに類するものとして内閣府令[9]で定めるもの（流通性その他の事情を勘案して内閣府令[10]で定めるものを除く。）を除く。2号電子決済手段において同じ。）であって、電子情報処理組織を用いて移転することができるもの（特定信託受益権を除く。）
2号電子決済手段	不特定の者を相手方として1号電子決済手段と相互に交換を行うことができる財産的価値であって、電子情報処理組織を用いて移転することができるもの（特定信託受益権を除く。）
3号電子決済手段 （特定信託受益権）	金銭信託の受益権（電子情報処理組織を用いて移転することができる財産的価値（電子機器その他の物に電子的方法により記録されるものに限る。）に表示される場合に限る。）であって、受託者が信託契約により受け入れた金銭の全額を預貯金により管理するものであることその他内閣府令[11]で定める要件を満たすもの
4号電子決済手段	1号電子決済手段、2号電子決済手段、特定信託受益権に準ずるものとして内閣府令[12]で定めるもの

9　電取業府令2条1項。

10　電取業府令2条2項。

11　電取業府令3条。

12　電取業府令2条3項。

　1 号電子決済手段の例としては、資金移動業者がブロックチェーン上で発行するデジタルマネー類似型ステーブルコインが挙げられます。資金移動業者は、法定通貨の価値と連動した価格（例：1 トークン＝ 1 円）で当該ステーブルコインを発行し、発行価格と同額で償還を約することにより、ステーブルコインの価値の安定化を図ることになります。

　1 号電子決済手段の要件のうち、「代価の弁済のために不特定の者に対して使用することができる」ことを判断するにあたっては、たとえば、「ブロックチェーン等のネットワークを通じて不特定の者の間で移転可能な仕組みを有しているか」、「発行者と店舗等との間の契約等により、代価の弁済のために電子決済手段を使用可能な店舗等が限定されていないか」、「発行者が使用可能な店舗等を管理していないか」等を考慮して検討することになります（電取業ガイドライン I -1-1 ①）。

　次に、「不特定の者を相手方として購入及び売却を行うことができる」ことを判断するにあたっては、たとえば、「ブロックチェーン等のネットワークを通じて不特定の者の間で移転可能な仕組みを有しているか」、「発行者による制限なく、本邦通貨または外国通貨との交換を行うことができるか」、「本邦通貨または外国通貨との交換市場が存在するか」等について検討することになります（電取業ガイドライン I -1-1 ②）。

　もっとも、以下の 3 つの要件を満たすデジタルマネーは、基本的には「不特定の者を相手方として購入及び売却を行うことができる」といえず、電子決済手段に該当しないと考えられています（電取業ガイドライン I -1-1 ②（注 1 ））。

1. 銀行等または資金移動業者が発行するデジタルマネーであり、銀行等が発行する預金債権または資金移動業者が発行する未達債務に係る債権であって電子的に移転可能なものであること
2. その発行者が犯収法に基づく取引時確認をした者[13]にのみ移転を可能とする技術的措置が講じられていること
3. 移転の都度発行者の承諾その他の関与が必要となるものであること

　また、1号電子決済手段は、「通貨建資産」である必要があります。「通貨建資産」とは、本邦通貨もしくは外国通貨をもって表示され、または本邦通貨もしくは外国通貨をもって債務の履行、払戻しその他これらに準ずるものが行われることとされている資産を指します（資金決済法2条7項）。電子決済手段該当性を検討するとき、この「本邦通貨もしくは外国通貨をもって債務の履行、払戻しその他これらに準ずるもの」であることを判断するにあたっては、発行者およびその関係者と利用者との間の契約等により、発行者およびその関係者が当該利用者に対してその券面額と同額の法定通貨をもって払い戻す等の義務を負っているか否かが重要なポイントになります（電取業ガイドラインⅠ-1-1⑤）。

　2号電子決済手段は、主要な要件について1号電子決済手段と同じであるところ、「不特定の者を相手方として1号電子決済手段と相互に交換を行うことができる」ことに関する要件が異なります。かかる要件を判断するにあたっては、たとえば、「ブロックチェーン等のネットワークを通じて不特定の者の間で移転可能な仕組みを有しているか」、「発行者による制限なく、1号電子決済手段との交換を行うことができるか」、「1号電子決

---

13 「取引時確認をした者」には、犯収法4条3項の規定により、発行者自身が過去に取引時確認を行っていることを確認した顧客や、発行者の業務委託先である特定事業者が取引時確認を行った顧客も含まれると考えられています。

済手段との交換市場が存在するか」、「1号電子決済手段を用いて購入または売却できる商品・権利等にとどまらず、当該電子決済手段と同等の経済的機能を有するか」等について検討することになります（電取業ガイドラインⅠ-1-1③）。

　3号電子決済手段（特定信託受益権）としては、特定信託会社が利用者から金銭の信託を受けて発行する、金銭信託の受益権としてのステーブルコインが念頭に置かれています。特定信託受益権については、円建てで発行される場合には、信託財産の全部が電取業府令3条1号に規定する預金または貯金により管理されるものであること、または外貨建てで発行される場合には、信託財産の全部が同条2号に規定する外貨預金または外貨貯金により管理されるものであることが必要となります（電取業ガイドラインⅠ-1-1④）。

　以下、かかる電子決済手段の定義を踏まえて、他の決済手段とも対比しながら「電子決済手段」の特徴を確認していきます。

電子決済手段と暗号資産型ステーブルコインとの関係

　ステーブルコインには、前述のデジタルマネー類似型のほかに、暗号資産型ステーブルコインが存在します。暗号資産型ステーブルコインとは、一般には、法定通貨と1対1で発行および償還はされないものの、アルゴリズム等により当該トークンの価値の安定が試みられているブロックチェーン上のトークンを意味します。具体例としてはDai Stablecoin（DAI）が挙げられます。

　このようなステーブルコインは、法定通貨と1対1で発行および償還がなされていないため、通貨建資産該当性が否定される場合が多いところ、通貨建資産にあたらないステーブルコインは1号電子決済手段ないし2号電子決済手段には該当しません。また、このようなステーブルコインは金銭信託の受益権でもないため、特定信託受益権にも基本的に該当しません。

　暗号資産型ステーブルコインの多くは、電子決済手段ではなく、暗号資産に該当すると考えられています。暗号資産は資金決済法において以下のとおり定義されています。

> （資金決済法 2 条 14 項）
>
> 　この法律において「暗号資産」とは、次に掲げるものをいう。ただし、金融商品取引法第 29 条の 2 第 1 項第 8 号に規定する権利を表示するものを除く。
> ① 　物品等を購入し、もしくは借り受け、又は役務の提供を受ける場合に、これらの代価の弁済のために不特定の者に対して使用することができ、かつ、不特定の者を相手方として購入及び売却を行うことができる財産的価値（電子機器その他の物に電子的方法により記録されているものに限り、本邦通貨及び外国通貨、通貨建資産並びに電子決済手段（通貨建資産に該当するものを除く。）を除く。次号において同じ。）であって、電子情報処理組織を用いて移転することができるもの
> ② 　不特定の者を相手方として前号に掲げるものと相互に交換を行うことができる財産的価値であって、電子情報処理組織を用いて移転することができるもの

　たとえば、DAI は、通貨建資産に該当せず、金銭信託の受益権にもあたらないと考えられているところ、上記の暗号資産の定義に照らして、暗号資産に該当すると考えられており、国内の暗号資産交換業者によって取り扱われています [14]。

　ここで、ブロックチェーン上のトークンのうち、暗号資産にあたると考えられている暗号資産型ステーブルコインであっても、将来的に 4 号電子決済手段に指定される可能性がある点については留意する必要があります。ブロックチェーン上のトークンのような、ある種の財産的価値のうち、

14　一般社団法人日本暗号資産取引業協会（JVCEA）「日本暗号資産取引業協会会員暗号資産取り扱い状況（2023 年 10 月 12 日更新）」参照。
　　https://jvcea.or.jp/

当該代価の弁済のために使用することができる範囲、利用状況その他の事情を勘案して金融庁長官が定めるものについては、4 号電子決済手段に該当することになります（資金決済法 2 条 5 項 4 号、電取業府令 2 条 3 項）。2023 年 12 月現在、金融庁長官が定める 4 号電子決済手段は存在しないため、暗号資産型ステーブルコインは基本的に電子決済手段ではありませんが、将来的に指定される可能性があることについては念頭においておく必要があります。

電子決済手段と通貨との関係

通貨とは、強制通用力を認められた貨幣を意味します[15]。ここでいう通貨の強制通用力とは、当該通貨を用いての弁済が有効な金銭債務の弁済となり、債権者はその受領を拒絶できないことを指します。日本においては、日本政府に発行権限がある 500 円玉などの貨幣や、日本銀行が発行する 1 万円札などの日本銀行券が強制通用力を認められており（通貨法 7 条、日本銀行法 46 条）、通貨として流通しています。

他方、電子決済手段は通貨と異なり、強制通用力を有しているわけではないことから、債務の支払いにおいて、電子決済手段による支払いを相手方に強制することはできません。そのため、電子決済手段による支払いは、契約自由の原則に従い、両者が合意したことを前提に行う必要があります（民法 521 条、電取業府令 28 条 2 項 3 号参照）。

貨幣である通貨は、通常は「電子機器その他の物に電子的方法により記録されている」財産的価値とはいえないため、資金決済法上の電子決済手段に該当しないと考えられます。

もっとも、電子的な通貨として、中央銀行デジタル通貨（Central Bank Digital Currency: CBDC）の検討が進められています[16]。日本銀行によれ

15　磯村保編『新注釈民法（8）債権（1）』（有斐閣、2022 年）〔北居功〕125 頁、我妻榮、有泉亨、清水誠、田山輝明『我妻・有泉コンメンタール民法［第 7 版］』（日本評論社、2021 年）729 頁参照。

16　日本銀行「中央銀行デジタル通貨に関する日本銀行の取り組み方針」（2020 年 10 月）。
　　https://www.boj.or.jp/paym/digital/rel201009e.htm

ば、現時点で CBDC を発行する計画はないものの、決済システム全体の安定性と効率性を確保する観点から、今後のさまざまな環境変化に的確に対応できるよう、準備しておくことが重要であるとされています。

CBDC には大きく 2 つの形態が考えられます。一つは金融機関間の大口の資金決済に利用することを主な目的として中央銀行から一部の取引先に提供されるホールセール型 CBDC であり、もう一つは個人や一般企業を含む幅広い主体の利用を想定した一般利用型 CBDC です。特に一般利用型 CBDC には課題が多いながらも新たな決済サービスの基盤となり得るなどの有用性が認識されており、連絡協議会や実証実験が実施されています[17]。

電子決済手段とプリペイド型電子マネーとの関係

プリペイド型電子マネーとは、一般には、事前に対価の支払いをすることによって得られる IC やサーバ上の番号、残高、記号であって、特定の者に対する決済手段として使用できるものをいいます。近年、国内において、キャッシュレス決済が広く普及し始めており、特にプリペイド型の電子マネーが飲食店や小売店において利用されています。

プリペイド型電子マネーは、一般的には、いわゆる前払式支払手段に該当するものが多いです。「前払式支払手段」とは、次のいずれかに該当するものをいいます（資金決済法 3 条 1 項）。

（金額表示型）

① 証票、電子機器その他の物（証票等）に記載され、または電磁的方法により記録される金額に応ずる対価を得て発行される証票等または番号、記号その他の符号であって、その発行する者または当該

---

17 日本銀行決済機構局「中央銀行デジタル通貨に関する実証実験『概念実証フェーズ 2』結果報告書」（2023 年 4 月）等参照。

発行する者が指定する者から物品等を購入し、もしくは借り受け、または役務の提供を受ける場合に、これらの代価の弁済のために提示、交付、通知その他の方法により使用することができるもの

（数量表示型）
② 証票等に記載され、または電磁的方法により記録される物品等または役務の数量に応ずる対価を得て発行される証票等または番号、記号その他の符号であって、発行者等に対して、提示、交付、通知その他の方法により、当該物品等の給付または当該役務の提供を請求することができるもの

　金額表示型の前払式支払手段の例としては、たとえば、1 点＝ 1 円で利用可能なプリペイド型電子マネーが挙げられます。他方、数量表示型の前払式支払手段の例としては、たとえば、ビール 1 ダースと交換可能なビール券が挙げられます。

　いずれにせよ、前払式支払手段は、対価をもって発行され、価値の保存手段として機能し、決済手段として権利行使できるといった特徴があります[18]。

　前払式支払手段は対価をもって発行されるものの、原則としてその保有者に対する金銭の払戻しが認められない点が特徴的です（資金決済法 20条 5 項）。この点において、前払式支払手段は利用者に対する金銭での償還を前提とするものが多い電子決済手段と大きく異なります。

　もっとも、前払式支払手段は、原則として払戻しが認められないからといって電子決済手段該当性が否定されるわけではありません。前払式支払手段の中には電子決済手段に該当するものが存在する点には留意する必要があります。

18　堀天子『実務解説　資金決済法〔第 5 版〕』（商事法務、2022 年）24 〜 25 頁参照。

1号電子決済手段および2号電子決済手段の定義からは、原則として前払式支払手段が除外されていますが、「流通性その他の事情を勘案して内閣府令で定めるもの」についてはその定義において除外されているわけではありません。ここで、「流通性その他の事情を勘案して内閣府令で定めるもの」とは、以下の3つの類型のいずれにも該当しない前払式支払手段をいいます（資金決済法2条5項、電取業府令2条2項、前払府令1条3項4号、5号）[19]。すなわち、少なくとも以下の前払式支払手段については、電子決済手段に該当しないといえます。

①残高譲渡型前払式支払手段
　　前払式支払手段のうち、利用者の指図に基づき、発行者が電子情報処理組織を用いて一般前払式支払手段記録口座における未使用残高の減少および増加の記録をする方法その他の方法により、発行者が管理する仕組みに係る電子情報処理組織を用いて移転をすることができるもの

②番号通知型前払式支払手段
　　前払式支払手段のうち、電子情報処理組織を用いて第三者に通知することができる番号等であって、当該番号等の通知を受けた発行者が当該通知をした者をその保有者としてその未使用残高を一般前払式支払手段記録口座に記録するもの

③その他の関与型前払式支払手段
　　その移転を完了するためにその都度当該前払式支払手段を発行する者の承諾その他の関与を要するもの

19　電取業府令2条2項は、2023年6月1日から2年を経過するまでの間は適用されないため、この間に限り、前払式支払手段は電子決済手段に該当しない点には留意する必要があります（電取業府令附則2条）。

①残高譲渡型前払式支払手段の具体例としては、アカウント残高が譲渡可能なプリペイド型電子マネーが挙げられます。また、②番号通知型前払式支払手段の具体例としては、第三者に通知できる番号等の形で発行される電子ギフト券が挙げられます。

なお、①残高譲渡型と②番号通知型の分水嶺については個別事例ごとに実態に即して実質的に判断されるべきであると考えられますが、番号等の受取人がこれを発行者に通知して未使用残高の記録（チャージ）を行う場合において、発行者が当該番号等の送付人の承認を受けることが必要となる場合、通常、当該番号等は番号通知型前払式支払手段には該当せず、残高譲渡型前払式支払手段に該当すると考えられます（2023 年 5 月 26 日付パブコメ回答〔前払式支払手段関係〕No.8）。

また、2023 年 5 月 26 日付パブコメ回答が公表された時点では、③その他の関与型前払式支払手段として、金融庁が具体的に想定しているものはないと考えられます（2023 年 5 月 26 日付パブコメ回答〔電子決済手段等関係〕No.12）。③に該当するか否かについては個別事例ごとに実態に即した実質的な判断が必要とされており、たとえば、残高譲渡型前払式支払手段または番号通知型前払式支払手段においては、その移転を完了させるために発行者の承諾が必要となるところ、これに相当する関与があれば「その移転を完了するためにその都度当該前払式支払手段を発行する者の承諾その他の関与」があると考えられています。

なお、移転を完了するためにその都度発行者の承諾その他の関与を要しない前払式支払手段の例としては、発行者がブロックチェーン等の基盤を利用して不特定の者に対して流通可能な仕様で発行し、発行者や加盟店以外の不特定の者に対する送金・決済手段として利用できる前払式支払手段が挙げられると考えられています（電取業ガイドライン I -1-1 ②（注 2））。

電子決済手段とポイントとの関係

ポイントとは、あくまで多義語であり、法律上の明確な定義はないものの、本書では、商品を購入した際または役務の提供を受けたときに無償で付与され、次回以降の買い物等の際に代価の弁済の全部または一部に充当

することができるものを念頭において説明します[20]。このようなポイントは、前述の前払式支払手段と異なり、無償で付与されている点で対価性がないことから、原則として前払式支払手段には該当しないと考えられています。

　ポイントをブロックチェーン上のトークンとして発行する場合、ブロックチェーンネットワークを通じて不特定の者の間で移転可能な仕組みを有していると評価されるものも多いと考えられます。このとき、当該トークンは、不特定多数者との関係で決済手段として機能し得る性質を有するといえ、1号または2号の電子決済手段に該当する可能性があるとも思えます。

　もっとも、「有価証券、電子記録債権、前払式支払手段その他これらに類するものとして内閣府令で定めるもの」は、1号または2号の電子決済手段の定義から除外されています。そして、この内閣府令で定めるものとは、対価を得ないで発行される財産的価値であって、当該財産的価値を発行する者または当該発行する者が指定する者から物品等を購入し、もしくは借り受け、または役務の提供を受ける場合に、これらの代価の弁済のために提示、交付、通知その他の方法により使用することができるものをいいます（資金決済法2条5項1号、電取業府令2条1項）。

　したがって、現時点（2023年12月現在）では、いわゆるポイントについては1号または2号の電子決済手段に該当しない場合が多いといえます。

　なお、ポイントは、一般には取引に付随して無償で付与される経済上の利益であるところ、景品表示法上の景品類として、景品規制について別途考慮する必要があります。当該ポイントが景品類に該当する場合、その付与について、一定の限度額を設ける必要がある場合があります[21]。

20　河合 健、高松 志直、田中 貴一、三宅 章仁編著『暗号資産・デジタル証券法』（商事法務、2020年）37頁参照。

21　消費者庁「景品規制の概要」参照。
　　https://www.caa.go.jp/policies/policy/representation/fair_labeling/premium_regulation/

電子決済手段と有価証券との関係

　電子決済手段については、金商法（金融商品取引法）上の有価証券との関係がしばしば問題となります。当該トークンが有価証券とみなされる場合、その取扱いについて開示規制や業規制等の金商法上の規制が及ぶ可能性があるため、有価証券該当性は実務上重要な論点になります。

　まず、以下のいずれかに該当するものは、「有価証券」として、1号または2号の電子決済手段に該当しないことになります（資金決済法2条5項、8項）。

---

1. 金商法2条1項に規定する有価証券
2. 同条2項の規定により有価証券とみなされる権利（電子記録債権に該当するものを除く。）

　金商法2条1項には国債証券や株券などが列挙されており、ここに列挙された有価証券は、少なくとも1号または2号の電子決済手段に該当せず、主として金商法上の規制が及ぶことになります。

　また、金商法2条1項に列挙された有価証券に表示されるべき権利のうち一定の要件を満たすものや、金商法2条各号に列挙された権利は有価証券とみなされて金商法が適用されることになります（金商法2条2項参照）。このように有価証券とみなされるものの代表例としては、集団投資スキーム持分が挙げられます（金商法2条2項5号）。

　集団投資スキーム持分とは、組合契約、匿名組合契約、投資事業有限責任組合契約または有限責任事業組合契約に基づく権利、社団法人の社員権その他の権利のうち、当該権利を有する者が出資または拠出をした金銭を充てて行う事業から生ずる収益の配当または当該出資対象事業に係る財産の分配を受けることができる権利をいいます[22]。特に出資要件、事業要件、ならびに配当要件の3要件が重要であり、これらの要件を踏まえつつ集団投資スキーム持分該当性を判断します。

また、3号の電子決済手段である特定信託受益権は、金銭信託の受益権であるところ、みなし有価証券に関する金商法の適用が問題になります。もっとも、有価証券とみなさなくても公益または投資者の保護のため支障を生ずることがないと認められるものとして政令で定める特定信託受益権は、みなし有価証券にあたらないとされています（金商法2条2項柱書、金商法施行令1条の2、定義府令4条の2参照）。実務上、特定信託受益権を発行する場合は、金商法上の重い規制を避けるために、みなし有価証券に該当しないように手当てを行うことになります。

海外発行の電子決済手段について

　資金決済法は、電子決済手段の定義において、その発行が国内で行われたか、海外で行われたかを区別しているわけではありません。そのため、外国で発行されたステーブルコインについても、国内で発行されたステーブルコインと同様に、資金決済法2条5項の定義に照らして電子決済手段該当性を判断することになります。

　もっとも、国内の電子決済手段等取引業者が取り扱うことができる外国電子決済手段は一定の要件を満たすものに限られていることには留意する必要があります。ここでの外国電子決済手段とは、外国において発行される資金決済法、銀行法等、金融機関の信託業務の兼営等に関する法律または信託業法に相当する外国の法令に基づく電子決済手段をいいます（電取業府令30条1項5号参照）。

　電子決済手段等取引業者は、電子決済手段の特性および自己の業務体制に照らして、利用者の保護または電子決済手段等取引業の適正かつ確実な遂行に支障を及ぼすおそれがあると認められる電子決済手段を取り扱わないために必要な措置を講じる必要があります。そして、電子決済手段等取引業者が取り扱うことができる外国電子決済手段は、少なくとも以下の要件を満たしている必要があります（資金決済法62条の12、電取業府令

22　出資者が拠出した額を超えて配当または財産の分配を受けないもの等、集団投資スキーム持分から除外されるものも存在します（金商法2条2項5号参照）。

30 条 1 項 5 号）[23]。

（ライセンス要件）

1. 資金決済法または銀行法に相当する外国の法令の規定により、資金移動業者の登録もしくは銀行業の免許と同等の登録もしくは免許（当該登録または免許に類するその他の行政処分を含む。）を受け、または特定資金移動業を営むための届出と同等の届出をし、当該外国電子決済手段を発行することを業として行う者により発行されていること

（資産保全要件）

2. 当該外国電子決済手段を発行する者が当該外国電子決済手段を償還するために必要な資産を資金決済法、銀行法、兼営法または信託業法に相当する外国の法令の規定により管理しており、かつ、当該管理の状況について、当該外国電子決済手段の発行が行われた国において公認会計士の資格に相当する資格を有する者または監査法人に相当する者による監査を受けていること

（犯罪対策要件）

3. 捜査機関等から当該外国電子決済手段に係る取引が詐欺等の犯罪行為に利用された旨の情報の提供があることその他の事情を勘案して犯罪行為が行われた疑いがあると認めるときは、当該外国電子決済手段を発行する者において、当該外国電子決済手段に係る取引の停止等を行う措置を講ずることとされていること

23　なお、電子決済手段取引業者が外国電子決済手段を取り扱う場合、通常の電子決済手段等取引業者に関する規制のほか、別途、資産保全措置、移転額規制ならびに預かり額規制等の規制が課せられます（資金決済法 62 条の 12、電決業府令 30 条 1 項 6 号イ参照）。

ここで、ライセンス要件として要求されているのは、外国の法令に基づく免許や登録になります。外国電子決済手段の発行者に対して国内法に基づく銀行業の免許や資金移動業の登録が必要になるか否かについては、別途それぞれの事例の実態に即し実質的に判断されるべきものと考えられます。もっとも、外国電子決済手段の発行者は、当該外国電子決済手段が国内で流通している場合であっても、電子決済手段の発行者または第三者により日本国内にある者に対する為替取引の勧誘または電子決済手段の発行もしくは償還が行われていない場合には、資金移動業者として登録する必要はないと考えられます（2023年5月26日パブコメ回答〔電子決済手段等関係〕No.50）。

　なお、電子決済手段等取引業者が外国電子決済手段を取り扱う場合、電子決済手段等取引業に関する登録申請手続き等において、外国電子決済手段の発行者が自らまたは第三者をして国内の一般利用者に対し電子決済手段の発行および償還ならびにその勧誘行為と評価される行為を行わないこととなっているかについての説明が必要になります。また、外国電子決済手段の取扱いが適法であることおよびその発行が外国の法令上適法であることの説明について、関連する条文等の必要な資料および法律専門家の法律意見書の提出が求められます（電子決済手段等取引業者ガイドラインⅢ-2-1（1）③）。

電子決済手段と銀行預金との関係

　預金とは、一般に、後日に同額の金銭の返還を受ける約束の下で金銭を預けることをいい、銀行その他の金融機関を受寄者とする金銭の消費寄託を意味します[24]。預金者は預け入れたのと同額の金銭の返還を受けられるだけでなく、一般に一定の利息の支払いを受けることが可能であり、これらの債権は預金債権と呼ばれます。預金債権は、預金保険法により、その元本が一定程度保障されているという特徴が挙げられます。

　銀行が1号電子決済手段としてのステーブルコインを発行し、その保有

24　小山嘉昭『銀行法精義』（きんざい、2018年）109頁。

者に対して金銭償還請求権を認める場合、かかるステーブルコインに紐づく権利は預金債権であると整理し得ることになります。もっとも、金融庁によるパブリックコメントにおいては、銀行によるパーミッションレス型ブロックチェーンを用いたステーブルコインへの関与については、銀行の業務の健全かつ適切な運営等と両立しない可能性が国際的にも示されている中、銀行の業務の健全かつ適切な運営等の観点から懸念があるため、銀行による電子決済手段の発行については慎重な検討が必要であるとされています（2023 年 5 月 26 日付パブコメ回答〔電子決済手段等関係〕No.8）。これを踏まえると、現時点においては、銀行が預金債権を表す 1 号電子決済手段を発行することは困難であると考えられます。

　他方、金融庁は、同回答において、「今後、国際的な議論も注視しつつ、実務上・法令上の課題の解決につながるものとして銀行界からご提供いただく情報の内容も踏まえ、銀行の業務の健全かつ適切な運営の確保及び利便性の高い決済サービスの実現等の観点から適切なルール整備が可能となる見通しが立った場合には、適切に関係法令の整備を進めてまいります。」と述べています。これらを踏まえると、将来的には銀行によって 1 号電子決済手段が発行される環境が整備され得る可能性は残されていると考えられます。

　なお、預金に紐づく電子的証票であっても、不特定の者を相手方として購入および売却を行うことができないものは前述のとおり 1 号電子決済手段に該当しません。具体的には、犯収法に基づく取引時確認をした者にのみ移転を可能とする技術的措置が講じられており、かつ、移転の都度発行者の承諾その他の関与が必要となるデジタルマネーについては、銀行であっても十分発行し得ることになります。

デジタルマネー類似型ステーブルコインの私法上の性質

　デジタルマネー類似型ステーブルコインの多くは電子決済手段であると位置づけられます。もっとも、一口に電子決済手段といっても、その種類は千差万別であり、銀行発行の電子決済手段、特定信託受益権としての電子決済手段（以下「信託型電子決済手段」といいます。）、資金移動業者が

発行する電子決済手段（以下「資金移動型電子決済手段」といいます。）、前払式支払手段に該当する電子決済手段、そして、外国で発行された電子決済手段など、さまざまな類型があり得ます。さらに、たとえば、その発行者が採用する法的構成が異なれば、同じ類型の資金移動型電子決済手段同士といえどもその法的構成が微妙に異なることになり得ます。いずれにせよ、当該電子決済手段の法的性質を分析する上では、発行者が提示する資料を前提に、電子決済手段ごとにその法的性質を判断していかざるを得ないということになります。

　もっとも、現段階で日本国内から発行され得る電子決済手段は、信託型電子決済手段と資金移動型電子決済手段であると考えられるところ、これらの私法上の性質については、一定の議論が展開されています。ここでは、主として信託型電子決済手段と資金移動型電子決済手段の法的性質に関する議論状況について説明し、若干の分析を行います[25]。

信託型電子決済手段の権利の性質

　信託型電子決済手段とは、前述のとおり、金銭信託の受益権であって、受託者が信託契約により受け入れた金銭の全額を預貯金により管理するものであることその他の要件を満たす特定信託受益権を指します[26]。

　信託型電子決済手段を発行するための法的仕組みとしては、信託銀行等または特定信託会社を受託者とし、一般向けに信託型電子決済手段を販売しようとする者を委託者兼当初受益者として信託を設定することが考えられます。このとき、受益者は、電子決済手段等取引業の登録を取得した上で、当該信託により発行された特定信託受益権を顧客に販売し、当該信託型電子決済手段を流通させることが想定されます（資金決済法62条の3、2条10項参照）。

　なお、特定信託会社は、特定信託受益権の受益者との関係で以下のいず

25　本銀行金融研究所「『デジタルマネーの私法上の性質を巡る法律問題研究会』報告書—デジタルマネーの権利と移転—」（2023年6月）を議論のベースとします（以下、「同報告書」といいます。）。
https://www.boj.or.jp/about/release_2023/rel230609a.htm

26　資金決済法2条9項、電取業府令3条。

62

れかの義務を履行する必要があります（資金決済法 37 条の 2 第 4 項、移動業府令 3 条の 7）。

---

1. 特定信託受益権の受益者が信託契約期間中に当該特定信託受益権について信託の元本の全部または一部の償還を請求した場合には、遅滞なく、当該特定信託受益権に係る信託契約の一部を解約することによりその請求に応じること
2. 遅滞なく当該特定信託受益権をその履行等金額（本邦通貨もしくは外国通貨をもって債務の履行、払戻しその他これらに準ずるものが行われることとされている金額をいう。）と同額で買い取ること

信託型電子決済手段の移転の法律構成

　電子決済手段の移転の法律構成を検討する上では発行者が採用した法律構成を前提に検討せざるを得ない点には留意する必要がありますが、ブロックチェーン上で不特定多数者との間で流通する可能性を考慮した上で法律構成を検討する場合が多いです。不特定多数者との間で流通する電子決済手段の移転の法律構成については、抗弁が切断されるか、原因関係のない財産的価値の移転をどのように考えるか等について論点がありますが、特に第三者対抗要件の具備によらずに権利を確定的に移転させることができるかという点について検討する必要があると考えられています。

　この点、信託型電子決済手段については、ブロックチェーン上の記録に基づく残高の増減に応じて、前主の信託受益権が消滅し、新たに後主において信託受益権が発生するという考え方が検討されています。具体的には、銀行預金と同様に、発行者と利用者間の合意を基礎として信託受益権が消滅および発生するという構成や、発行者が移転に関与するか否かにかかわらず、信託法 88 条 1 項に基づき、信託行為の定めに従って、ブロックチェーン上の記録に基づく残高の増減という事実に応じて受益者が変動すると

いった構成が検討されています[27]。

　これらの考え方を採用する場合、第三者対抗要件が要求されないか検討する必要があります。前主の信託受益権が消滅し、新たに後主において信託受益権が発生することについて、受益権の譲渡と認識され、信託法94条2項に基づく第三者対抗要件が要求される可能性について検討する必要があります[28]。また、受益権の価値の同一性と受益権者の変更が行われることにより、民法515条2項の類推適用に基づく第三者対抗要件が要求される余地があり得ることには留意する必要があります[29]。いずれにせよ、第三者対抗要件を不要とすることの必要性を強調するだけではなく、信託受益権の差押えに対する体制等の発行者側の体制を踏まえ、第三者対抗要件を不要とすることの許容性を検討することが重要になります。

資金移動型電子決済手段の権利の性質

　資金移動型電子決済手段は、為替取引のために資金移動業者によって発行されるものであるところ、その私法上の性質についてはさまざまな考え方が存在します。そして、同じ資金移動型電子決済手段といえども、その電子決済手段ごとに私法上の法的性質は変わり得るため、資金移動型電子決済手段の法的性質を検討する上では、発行者が提示する資料を前提に資金移動型電子決済手段ごとにその法的性質を分析する必要があります。考え方の例としては、(i) 資金移動型電子決済手段の保有者は発行者に対する金銭の返還請求権を含む資金移動債権を有するという考え方[30]、(ii) 資金移動型電子決済手段の保有者は、発行者その他の第三者と交換し得るコントロール可能な電子記録を保有するにすぎないとする考え方、(iii) 保有者の属性に応じて (i) または (ii) が妥当するという考え方等があり得ます。

27　同報告書34 〜 35 頁、河合健『パーミッションレス型電子決済手段（ステーブルコイン）の移転に関する法的考察』（金融法務事情、2023 年 9 月 10 日号）36 頁以下。

28　前掲河合42 頁参照。

29　同報告書34 〜 35 頁、12 〜 13 頁。

30　同報告書37 頁。

　（ii）の考え方を採用する場合は、当該電子決済手段の保有者は、自己が管理している電子的証票それ自体が、発行者その他の第三者との間での交換価値を有するために財産的価値が認められると認識することになると考えられます。また、保有者の発行者に対する金銭の返還を請求する根拠については、発行を受けた者－発行者間の契約や、償還請求者－発行者間の契約に求めることが考えられます[31]。

　もっとも、どのような構成を採用するにせよ、発行者または電子決済手段取引業者等の仲介者は、電子決済手段の保有者の中には金銭の返還請求が認められる者と認められない（もしくは制約される）者が存在することを念頭に電子決済手段の設計および権利関係の整理を行う必要があります[32]。そして、電子決済手段の保有者は、個々の電子決済手段の内容を考慮して自己が保有する電子決済手段の権利の性質を検討することになります。

　本書では、（i）の考え方を取り上げ、資金移動業者がとり得る法的構成について分析していきます。

　まず、最初に電子決済手段の発行を受けた利用者については、資金移動業者に対して、利用者の指図に基づき、当該電子決済手段が記録されたシステムによって、資金の移転を実現するという事務を委託し、その事務の遂行のために必要な送金資金を前払いしているという契約関係があると構成することが考えられます（民法 643 条、649 条）。これを踏まえると、かかる電子決済手段を保有する利用者が有する権利は、以下のように整理し得ることになります[33]。

31　償還請求者－発行者間の契約により請求権を基礎付ける考え方を採用する場合、契約締結前の電子決済手段の保有者には電子決済手段に相当する金銭の受領権限が認められるにすぎないと考えられます。

32　発行者が保有者の属性に応じて対応を変更する例については、Circle "Legal & Privacy – USDC Terms – Article2" 参照。
　　https://www.circle.com/en/legal/usdc-terms

33　同報告書 37 頁、9 頁参照。

> 1. その保有者の申請に基づき、ブロックチェーン上の記録によって、電子決済手段の移転が実現されるという仕組みを提供する委任事務の履行請求権
> 2. 委任事務の対象となる資金についての返還請求権

　かかる電子決済手段の保有者が有する権利は、通常の資金移動業者が提供するデジタルマネーと同様の資金移動債権であると構成する余地があると考えられます。

資金移動型電子決済手段の移転の考え方

　上記（i）の資金移動型電子決済手段の保有者は発行者に対する金銭の返還請求権を含む資金移動債権を有するという考え方を前提に、かかる債権の移転の法的構成を検討していきます。かかる債権の移転の法的構成としては、債権譲渡（民法 466 条）、債権者の交替による更改（民法 513 条 3 号）、または債権の消滅・発生と構成することが考えられます[34]。

　債権譲渡構成は、債権の譲渡を第三者に対抗するには確定日付ある証書による通知または承諾といった第三者対抗要件（民法 467 条 2 項）が必要となること、第三債務者の譲渡人に対する抗弁が切断されないこと、および債権を分割して譲渡するケースの説明が著しく複雑となることが問題点として挙げられます。そして、委任事務処理が履行され、償還によって資金が移転された場合には、当該資金は委任事務を処理するために費消されており、上記返還請求権は消滅するといった問題点も指摘し得るところです[35]。

　また、債権者の交替による更改についても、資金移動業者の関与や移転する債権の同質性を前提とした場合、三者間の合意を要求する必要がない

34　同報告書 37 〜 38 頁。

35　債権譲渡構成の他の問題も含めて、同報告書 14 〜 15 頁参照。

ことから、債権者の交替による更改として構成するにはさらなる議論が必要になるのではないかと考えられます[36]。

　そのため、本書では、預金債権の移転の議論を参考に、債権の消滅・発生と構成することができないかについて検討していきます[37]。

　預金の振込みが行われる場合、預金債権の移転は、振込依頼人の仕向銀行に対する債権の消滅と、受取人の被仕向銀行に対する債権の発生によって実現されると説明されることがあります[38]。

　預金について消滅・発生構成をとることができる法的根拠については必ずしも明らかではないものの、流動性預金の残高債権の法的性質の分析に基づき、預金口座に関する記帳の効果から、債権の消滅・発生構成を認めることが検討されています。

　流動性預金の残高債権の法的性質としては、入金または引落としの都度、既存の残高債権の額と合計された 1 個の債権のみが存在することを前提に、その際の法律構成を、段階的交互計算や更改的な効果（弁済に相当する効果）に求めることが考えられます[39]。いずれにせよ、個別の預金債権の成立原因は、銀行による入金記帳という行為によるものと解し、この入金記帳は、個々の入金に係る資金の返還義務をいったん消滅させるとともに、それに代わって個々の預入金を組み込んだ新たな 1 個の残高債権を成立させる法的効果があると解することになります。こうした残高債権の法的性質から示される記帳の効果は、振込取引においても妥当すると考えられ、振込みにおける銀行の入金記帳には、振込依頼人に対する資金の返還

36　同報告書 15 〜 16 頁、加毛明「決済手段の移転に関する私法上の法律問題─資金移動業電子マネーを中心として」、『これからの民法・消費者法（Ⅰ）─ 河上正二先生古稀記念』（信山社、2023 年）265 〜 266 頁参照。

37　なお、この法律構成についても原因関係のない電子決済手段の移転には論点が残ります。この点、電子決済手段を善意で取得した者の保護に関する問題については、同報告書 40 頁以下および最高裁判決平成 8 年 4 月 26 日最高裁判所民事判例集 50 巻 5 号 1267 頁が参考になります。

38　森田宏樹「電子マネーをめぐる私法上の諸問題」（金融法研究第 15 号、1999 年）67 頁。

39　中央銀行預金を通じた資金決済に関する法律問題研究会「取引法の観点からみた資金決済に関する諸問題」（金融研究 第 29 巻第 1 号（2010 年 1 月発行））124 〜 125 頁、森田宏樹「振込取引の法的構造」、中田裕康、道垣内弘人編『金融取引と民法法理』（有斐閣、2000 年）145 〜 149 頁、森田宏樹「流動性預金『口座』契約とは何か」（金融・商事判例 1290 号、2008 年）1 頁。

債務の弁済に相当する効果がある一方で、その入金記帳によって、受取人の預金債権が成立すると考えられます[40]。すなわち、銀行の入金記帳には、振込依頼人に対する資金の返還債務を消滅させ、受取人の預金債権を発生させる効果があると考えられます。

　この考え方は、資金移動業者によるデジタルマネーによる資金移動についても妥当し得ると考えられています。

　すなわち、資金移動についても、口座の残高が入金または引落としの度に変動するものであるため、入金または送金を前提とした引落としの都度、既存の残高債権の額と合計された1個の債権のみが成立すると考えることが可能です。そして、送金の場合、資金移動業者による口座の入金記帳には、送金資金の返還債務の弁済に相当する効果があり、その入金記帳によって、受取人の債権が成立すると解し得ることになります。すなわち、資金移動業者が口座の残高を記帳により管理する場合には、その口座の残高債権についての更改的効果が認められ、送金の場合には、その記帳によって受取人の資金移動業者に対する債権が発生し、送金人の債権が消滅すると考えることが可能であると考えられています[41]。

　これらの議論を踏まえた上で、同じ資金移動業者が電子決済手段によって送金を行う場合にも同様の考え方が妥当するか否かを検討したとき、電子決済手段の発行者は、自ら口座の残高を記帳により管理していないため、債権の消滅・発生構成を採用できないのではないかという問題提起も考えられます。

　もっとも、資金移動業者は、犯罪行為が行われた疑いがあると認められる場合に備えて、自らが管理しないウォレットに係る電子決済手段の移転および償還を停止するための態勢を整備する必要があると考えられます（資金決済法51条、移動業府令31条5号、移動業ガイドラインII-2-1-2-1(5)参照）。そのため、電子決済手段を発行する資金移動業者は、スマートコントラクト等のプログラムにより電子決済手段の移転を制限する権限

40　同報告書11〜12頁。

41　同報告書16頁。

を有するものがほとんどであるといえます[42]。

　そして、資金移動業者が電子決済手段の移転を制限する権限を有している場合、当該資金移動業者は、当該電子決済手段の移転について少なくとも消極的な意味で承諾その他の関与をしていると考えられます。確かに、規制法上、電取業府令 2 条 2 項における「承諾その他の関与」があるか等の論点については議論があり得るところです。もっとも、民法上の消滅・発生構成を採用できるかという議論において、かかる資金移動業者は、消極的な意味で承諾その他の関与を前提に、電子マネーを提供する資金移動業者による口座の入金記帳に準じた関与を行っていると解し得るといえ、同じ資金移動業者として行うかかる関与は、送金資金の返還債務の弁済に相当する効果があり、その入金記帳行為によって、受取人の資金移動業者に対する債権が成立すると解する余地があると考えられます。

　すなわち、資金移動業者がブロックチェーンにおける残高を電子決済手段の移転を停止させる権限によって管理する場合には、その口座の残高債権についての更改的効果が認められると解する結果、送金の場合には、その記帳によって受取人の資金移動業者に対する債権が成立・発生し、それと同時に送金人の資金移動業者に対する債権が消滅すると解し得るといえます。

　このような消滅・発生構成による権利の移転は、その移転する債権の価値の同一性からすると、民法 515 条 2 項の類推適用により、確定日付ある証書が必要と解されるかが問題となり得ます[43]。この点、銀行は、預金者との間の合意、とりわけ譲渡制限特約によって、銀行の予定している決済方法すなわち債権の消滅・発生構成以外で預金者が預金債権を移転することを原則として禁止し、預金債権が差し押さえられた場合であっても適切に対応することができ、社会的な信頼の十分にある銀行が適切に対応することで、預金口座に関する記帳のみによって第三者との関係を規律でき

---

[42]　移転制限の仕組みについて、清水音輝、荒巻陽佑『スマートコントラクトの仕組みと法律』（中央経済社、2023 年）79 頁、131 頁以下参照。

[43]　同報告書 13 頁。なお、民法 515 条 2 項が類推適用されない構成を「消滅・発生構成」と呼ぶ場合があることには留意する必要があります。

るようになっているとの見解が示されています[44]。

　ここで、資金移動業者が債権の消滅・発生構成を採用する場合、民法515条2項の類推適用によって債権の移転に第三者対抗要件が要求されないようにするためには、かかる預金債権の議論を参考にすることが考えられます。すなわち、電子決済手段の移転以外の方法による債権の移転を特約によって制限し、差押え等に対して適切に対応することができる体制を整備し、社会的信頼を確保すること等によって、権利の移転に第三者対抗要件が要求されないと考えるための許容性を確保し、第三者対抗要件が要求されない形で債権の消滅・発生構成を採用できるか否かを検討することが重要になるでしょう[45]。

44　同報告書14頁、前掲加毛252頁以下参照。

45　同報告書17頁。

＜第 2 章参考文献＞

Andreas M. Antonopoulos *"Mastering Bitcoin"*

https://github.com/bitcoinbook/bitcoinbook

　なお、日本語訳についてアンドレアス・M・アントノプロス著（今井崇也、鳩貝淳一
　郎訳）『ビットコインとブロックチェーン　暗号通貨を支える技術』（NTT 出版、
　2016 年）

Andreas M. Antonopoulos,　Gavin Wood *"Mastering Ethereum"*

https://github.com/ethereumbook/ethereumbook/blob/develop/book.asciidoc

　なお、日本語訳について Andreas M.Antonopoulos、Gavin Wood 著（宇野雅晴ら監訳）
　『マスタリング・イーサリアム ―スマートコントラクトと DApp の構築』（オライリー・
　ジャパン、2019 年）

我妻榮、有泉亨、清水誠、田山輝明『我妻・有泉コンメンタール民法 [第 7 版]』（日
本評論社、2021 年）

久保田隆『法律学者の貨幣論―デジタル通貨・CBDC の未来』（中央経済社、2023 年）

清水音輝、荒巻 陽佑『スマートコントラクトの仕組みと法律』（中央経済社、2023 年）

株式会社 HashHub、KPMG ジャパン、アンダーソン・毛利・友常法律事務所外国法共
同事業編『DeFi ビジネス入門 分散型金融の仕組みから法律・会計・税務まで』（中央
経済社、2023 年）

高橋康文編著『新・逐条解説　資金決済法』（きんざい、2021 年）

河合健、高松志直、田中貴一、三宅章仁編著『暗号資産・デジタル証券法』（商事法務、
2020 年）

KPMG ジャパン、アンダーソン・毛利・友常 法律事務所 外国法共同事業監修、関口智
和、河合健編著『デジタル通貨・証券の仕組みと実務―ビジネス・法務・会計・税務』（中
央経済社、2021 年）

増島雅和、堀天子編著『暗号資産の法律〈第 2 版〉』（中央経済社、2023 年）

尾崎寛、野田恒平編著『逐条解説 FATF 勧告　国際基準からみる日本の金融犯罪対策』（中
央経済社、2023 年）

中崎隆『詳説犯罪収益移転防止法 (第 2 版)』（中央経済社、2022 年）

三菱 UFJ リサーチ＆コンサルティング国際情報営業部編著『外為法ハンドブック
2023―犯収法その他関連法令も含めた外為取引への実務的アプローチ―』（三菱 UFJ
リサーチ＆コンサルティング、2023 年）

佐野史明『詳解 デジタル金融法務』（きんざい、2021 年）

泉絢也、藤本剛平『事例でわかる！ NFT・暗号資産の税務』（中央経済社、2022 年）

長島・大野・常松法律事務所編『アドバンス金融商品取引法〔第 3 版〕』（商事法務、
2019 年）

加毛明「決済手段の移転に関する私法上の法律問題——資金移動業電子マネーを中心として」、河上正二先生古稀記念論文集『これからの民法学・消費者法（I）』（信山社、2023 年）245 〜 271 頁

河合健ら「ステーブルコイン法制に関する政令・内閣府令案等について（前編）」アンダーソン・毛利・友常法律事務所ニュースレター（2023 年 2 月 8 日）

https://www.amt-law.com/asset/pdf/bulletins2_pdf/230208.pdf

河合健ら「ステーブルコイン法制に関する政令・内閣府令案等について（後編）」アンダーソン・毛利・友常法律事務所ニュースレター（2023 年 3 月 27 日）

https://www.amt-law.com/asset/pdf/bulletins2_pdf/230327.pdf

仮想通貨交換業等に関する研究会「報告書」（2018 年 12 月）

https://www.fsa.go.jp/news/30/singi/20181221-1.pdf

金融法務研究会「仮想通貨に関する私法上・監督法上の諸問題の検討」（2019 年 3 月）

https://www.zenginkyo.or.jp/fileadmin/res/news/news310339.pdf

金融審議会資金決済ワーキング・グループ「報告」（2022 年 1 月）

https://www.fsa.go.jp/singi/singi_kinyu/tosin/20220111/houkoku.pdf

日本銀行金融研究所「『デジタルマネーの私法上の性質を巡る法律問題研究会』報告書　デジタルマネーの権利と移転」（2023 年 6 月）

https://www.boj.or.jp/about/release_2023/rel230609a.htm

第 3 章

〈 ステーブルコインと税務 〉

坂本　新 ［著］

ステーブルコインの一部が「電子決済手段」に位置づけられることで、今後、多くの個人および企業が決済手続きの中で「電子決済手段」を利用することが見込まれます。そして、電子決済手段を利用することで、勘定科目に「電子決済手段」を計上することになると想定されます。ステーブルコイン、そして「電子決済手段」は、税理士にとって理解が必要不可欠なキーワードになります。

　本章では、税理士としてステーブルコインを扱う上での「正確な情報」、「考え方」、そして、税務処理上ありがちな間違いを防ぐためのポイントを、さまざまな角度から確認していきます。

決済手段としてのステーブルコイン

　決済とは、商品・サービス等の提供を受ける対価を相手に渡すことをいいます。

　現在は、現金を対価として渡す、または、現金を銀行経由で振込みをするなど貨幣で行うことが主ですが、決済の起源は、物々交換です。相手に渡す対価が、綺麗な貝や大きな石から、金貨、そして貨幣へ進化を遂げ、決済手段そのものが、時代とともに変化してきました。以下では、近年のデジタル化に伴う経済圏の変化と、ステーブルコインに至る新しい決済手段がどのように日本社会に広がり、税務や会計に影響を及ぼすことになるのかを検討していきましょう。

決済手段になるはずだった暗号資産
　代表的な暗号資産のひとつであるビットコインは、Satoshi Nakamotoによる論文「ビットコイン：P2P電子通貨システム」[1]に基づいて開発、

1　Satoshi Nakamoto 著（hakka 訳）「ビットコイン：P2P 電子通貨システム」https://bitcoin.org/files/bitcoin-paper/bitcoin_jp.pdf

利用され始めました。この論文では、ビットコインの目的を「必要なのは信用ではなく、暗号学的証明に基づいた電子取引システム」であるとして、将来における決済制度は「金融機関の介在無しに、利用者同士の直接的なオンライン決済」に変わると論じていることから、ビットコインは、本来、決済手段として確立される方向性でした。

　しかしながら、ビットコインの急速な普及は、価額の高騰を招き、その変動幅は大きく、決済には不向きになりました。

図表　ビットコインチャート

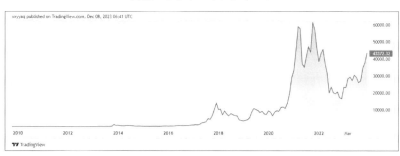

出典：tradingview.com（https://jp.tradingview.com）2023 年 12 月 8 日付け

　決済の対価として貨幣に代わる場合、①安定した価値の尺度となる、②価値の貯蔵ができる、③容易に決済ができる、という機能が求められますが、ビットコインは、一番重要な「①安定した価値の尺度となる」機能が失われています。

　そこで登場したのが、ステーブルコインです。

決済手段として適したステーブルコイン

　ステーブルコインは、米ドル、日本円など法定通貨の価値と連動するように設計されていることから、ビットコインのように価額が高騰することなく、価額が安定しており、決済に適しています。

　今までの銀行を介した貨幣での決済では、時間がかかり、国際決済となると送金費用も高額でした。

　それが、物の受け渡しと代金の決済をブロックチェーンで紐づけたス

テーブルコインを利用することで、処理の時間は数秒で済み、決済費用も安価で済むことになります。

　加えて、日本では 2022 年改正資金決済法によって、「暗号資産」とは別の類型として「電子決済手段」が創設されました。日本は、世界に先駆けて「電子決済手段」としてのステーブルコインを発行できる環境が整いつつあるため、多くの企業が 2024 年からの発行に向けた準備を進めています。

Web3.0 とともに変化する会計と税務

　日本政府は、2022 年 6 月 7 日「経済財政運営と改革の基本方針 2022」[2]（以下、「骨太の方針」といいます。）を公表し、「ブロックチェーン技術を基盤とする NFT や DAO の利用など Web3.0 の推進に向けた環境整備の検討を進める」として政府による Web3.0 を強力に推し進めることを決定しました。

　2022 年 10 月 5 日のデジタル庁「事務局説明資料」[3]では Web3.0 の意義について、「経済社会の中核的要素である『金融』『資産・取引』『組織』等において、ブロックチェーン技術を活用した新しいサービス・ツールが出現しはじめており、これらは既存のサービス・ツールの役割を一部技術的に補完・代替する可能性がある」ものと説明しています。

　そして、2022 年 12 月に自由民主党デジタル社会推進本部 web3 プロジェクトチームが公表した「web3 政策に関する中間提言」[4]の中で、税制改正の論点として、

●トークンによる資金調達を妨げない税制改正

2　内閣府「経済財政運営と改革の基本方針 2022」（2022 年 6 月 7 日閣議決定）
　　https://www5.cao.go.jp/keizai-shimon/kaigi/cabinet/honebuto/2022/2022_basicpolicies_ja.pdf
3　デジタル庁「事務局説明資料」（2022 年 10 月 5 日）
　　https://www.digital.go.jp/assets/contents/node/basic_page/field_ref_resources/31304f21-d56a-4d15-b63e-3b9ef1b96e38/b219408f/20221005_meeting_web3_outline_03.pdf
4　自由民主党デジタル社会推進本部 web3 プロジェクトチーム「web3 政策に関する中間提言」（2022 年 12 月）
　　https://www.taira-m.jp/20221215_Web3PT%E4%B8%AD%E9%96%93%E6%8F%90%E8%A8%80.pdf

●個人が保有する暗号資産に対する所得課税の見直し

●暗号資産発行企業等の会計監査の機会確保

●トークン審査体制の強化

● LLC 型 DAO に関する特別法の制定

●ステーブルコインの流通促進のための措置

●無許諾 NFT への対策と消費者保護

● NFT ビジネスの賭博該当性を巡る解釈および二次流通からの収益還元
　方法等の整理

などを提言しています。

　また、「骨太の方針」を受け、デジタル庁が 2022 年 12 月 27 日に公表
した Web3.0 研究会の「Web3.0 研究会報告書」では、「トークン関連の
主な政策課題と付帯する権利に係る論点」をまとめ、今後の政策に反映さ
せようとしています。

　また、2023 年 6 月 16 日に閣議決定された「経済財政運営と改革の基本
方針 2023」（2023 骨太の方針）[5] でも、「web3.0 に係るトークン」の活用
として、「ステーブルコインやセキュリティトークンの円滑な発行・流通
に向けた必要な取組を進めるほか、暗号資産・トークンを通じた資金調達
の実態について調査・整理を進め、事業者の円滑な資金供給の促進に資す
るものについては、投資事業有限責任組合契約に関する法律（LPS 法、平
成 10 年法律第 90 号）上で投資対象とすることを検討する。」として産業
の活性化を推し進めています。

　このように、取り上げられている論点の多くが会計と税務に関する事項
であることから、今後、Web3.0 とともに会計と税務も変化を求められる
ことが予想されます。

5　内閣府「経済財政運営と改革の基本方針 2023」（2023 年 6 月 16 日閣議決定）
　https://www5.cao.go.jp/keizai-shimon/kaigi/cabinet/honebuto/2023/2023_basicpolicies_ja.pdf

図表　トークン関連の主な政策課題

●トークン関連の主な政策課題

	論点	課題
主体	スタートアップ	税制、会計ルール、規制改革
	街興し・地域振興	人材不足、公会計・起債ルール等
対象	決済・支払手段	ユーティリティ・トークンの役務提供担保 ステーブルコインの安定性、裏付け資産等 に対する評価
	資金調達手段	情報開示、インサイダー取引、相場操縦
	著作物・利用権等	表章する権利の明確化、海賊版対策、クリ エイター保護
	メタバース・ゲームアイ テム等	表章する権利の明確化、国際標準化
	会員権	投資者保護
	不動産	投資者保護、利用者保護
取引	AML/CFT	本人確認、オンチェーン越境取引
	開示・インサイダー規制	情報開示、インサイダー取引、相場操縦
	利用者対策・法執行	利用者被害のモニタリング、関係機関等の 国際連携・協力
	国際連携	国際的なルール整備へ向けた情報収集、積 極的な貢献
記録	民法上の取扱い・第三者 対抗要件	民法上の取扱い、第三者対抗要件の具備要 件
	組織・主体等に係る台帳	分散型自律組織（DAO）の法人登記
	国際標準化・規格開発	暗号アルゴリズム、匿名化技術、データ標 準などの整備

●トークンに付帯する権利に基づく分類の下での課題・論点

	課題・論点	リスク・論点
目的	決済支払	決済手段として利用されるトークンは暗号資産に分 類
	資金調達	トークンが資金調達手段として利用される場合に は、会計基準、情報開示、インサイダー取引、相場 操縦などについて配慮を要するのではないか

設計	一般的受容性	技術方式ではなく流通実態に着目した分類が必要
	受益権	受益権が付帯されたトークンには有価証券該当性
	投票権	保有比率や実質的支配者などモニタリングが必要
	利用権	特定の財や役務提供に利用できるユーティリティ・トークンについて、その役務提供をどのように担保すべきか。前払式支払手段に該当するのか
	匿名性	プライバシー保護に有用だが、マネーロンダリング等に悪用可能
	譲渡可能性	譲渡制限によって市場流通性をなくせば分散型IDとして利用可能
	価格安定性	価値が裏付け資産に基づく場合、背景資産に係る情報開示・監査が必要 アルゴリズムによる背景資産以外の安定化メカニズムに対しては、機能する前提とリスクシナリオの精査が必要
	発行総量	発行総量が可変の場合は希釈化のリスクなどに配慮が必要
基盤	合意アルゴリズム	Proof of Work（PoW）における電力消費 Proof of Stake（PoS）における証券該当性
	暗号アルゴリズム	CRYPTREC等でリストされていない新興アルゴリズムの安全性
	チェーン・レイヤ	新興チェーン、L2等の安全性をどのように確認すべきか

出典：デジタル庁 Web3.0 研究会「Web3.0 研究会報告書　〜 Web3.0 の健全な発展に向けて〜」（48 頁）
https://www.digital.go.jp/assets/contents/node/basic_page/field_ref_resources/a31d04f1-d74a-45cf-8a4d-5f76e0f1b6eb/a53d5e03/20221227_meeting_web3_report_00.pdf

メタバース内決済におけるステーブルコインの優位性

　Web3.0 とともに注目されるサービスであるメタバースでは、すでに経済活動が行われ、代金決済もされています。

　メタバースとは、デジタル庁が公表している重点計画用語集では、「コンピュータやコンピュータネットワークの中に構築された、現実世界とは異なる 3 次元の仮想空間やそのサービス」と定義されています。

　メタバース内での決済方法としては、主に①現実世界での既存の金融機

関での振込み等の決済、②前払い方式のプリペイドカードおよびクレジットカード等での決済、③ビットコインをはじめとした暗号資産での決済等が行われています。

　ビットコインをはじめとした暗号資産は、価額が変化するため、価額が急激に変化しているときは、決済になじまないこともあります。

　ここで注目されたのがステーブルコインです。ステーブルコインでの決済であれば、ビットコインをはじめとした暗号資産で生じる価額変動もなくなります。

　JPYCは、すでにメタバースやWeb3.0のゲーム内でのアイテム購入などの決済で実績があります。JPYCのメタバース経済圏におけるさらなる実装に向け、メタバース開発事業者と事業提携するなど、さまざまな取組みを行って存在感を高めています。

　暗号資産に本来期待されていた「メタバース上の決済」という役割は、ステーブルコインが代わって果たすことになり、今後大きく普及する可能性があるのです。

世界初日本のステーブルコイン法制による決済手段

　日本では、世界に先駆けステーブルコインに関する法制度の整備が行われ「安定的かつ効率的な資金決済制度の構築を図るための資金決済に関する法律等の一部改正する法律」（以下、「資金決済法等改正」といいます。）が2023年6月1日に施行されました。

　この資金決済法等改正は、いわゆるステーブルコインのうち、法定通貨の価値と連動した価格で発行され、発行価格と同額で償還を約するものおよびこれに準ずる性質を有するものを主として念頭に置いて「電子決済手段」を創設しました。そして、これを取り扱う電子決済手段等取引業者について登録制を導入し、必要な法整備を行いました。

　その結果、いわゆるデジタルマネー類似型ステーブルコインの多くは、「電子決済手段」と位置づけられることになったのです。

　前掲の自由民主党デジタル社会推進本部の「web3政策に関する中間提言」[6]では、「わが国が国際競争力を発揮し得る分野であるweb3、デジタ

ルアセット取引およびメタバースなどの産業振興を図るためには、すでに世界で広く流通し、これらの分野に適した決済手段である『パーミッションレス型』のステーブルコインを安全かつ自由に利用できる環境を整えることが必要である。こうした状況に照らし、2022 年 6 月の資金決済法改正においてステーブルコインを『電子決済手段』として正式に定義した」とされています。ここでも、法整備を進め、国家を挙げて、ステーブルコイン（電子決済手段）の流通を後押しする意思が表明されています。

こうした中、2023 年 9 月 26 日、三菱 UFJ 信託銀行と Binance Japan は、資金決済法等改正に対応した新たなステーブルコインを発行すると発表しました[7]。

同日、オリックス銀行も、G.U.Technologies のシステムを利用し、新たなステーブルコインの発行に向けた実証実験を始めたと発表しました[8]。

さらに、JPYC 社は、資金移動業と電子決済手段等取引業のライセンス取得に向けた準備を進めており、電子決済手段の発行ないし取扱いのための体制整備に取り組んでいます。

このように、現在、多くの企業が「電子決済手段」としてのステーブルコインを新たに発行し、取扱いを実施する見込みです。

前述したように、ステーブルコインは、暗号資産と比べると価額変動が小さく、銀行経由の現金決済と比べると送金時間などが圧倒的に早く、国外、企業間、個人間でも、簡単に送金が可能で、送金手数料も安いことから、今後、「電子決済手段」として発行されるステーブルコインは、爆発的に利用者が増えると予想されます。

6　自由民主党デジタル社会推進本部 web3 プロジェクトチーム「web3 政策に関する中間提言」（2022 年 12 月）
　https://www.taira-m.jp/20221215_Web3PT%E4%B8%AD%E9%96%93%E6%8F%90%E8%A8%80.pdf

7　Binance Japan 株式会社プレスリリース「Binance Japan と Progmat の協業による新たなステーブルコインの共同検討開始について」（2023 年 9 月 26 日）
　https://prtimes.jp/main/html/rd/p/000000002.000126862.html

8　オリックス銀行ニュースリリース「ステーブルコイン発行に向けた実証実験を開始」（2023 年 9 月 26 日）
　https://www.orixbank.co.jp/contents/news/detail/20230926_wm001139.html

これまで日本では、代金決済をする際、銀行を経由することが中心でしたが、今後は、「電子決済手段」による決済もそのシェアを拡大する可能性を秘めています。

ステーブルコインの税務上の取扱い

　2023 年 12 月 25 日に国税庁は、改正資金決済法に係る「暗号資産等に関する税務上の取扱いについて」（FAQ）を改訂し、公表しました[9]。

　この FAQ において、「暗号資産」とは、資金決済に関する法律第 2 条第 14 項に規定する暗号資産を示し、また、「電子決済手段」とは同条第 5 項第 1 号から第 3 号までに規定する電子決済手段を示すものと「暗号資産」および「電子決済手段」の定義をしています。

国税庁のステーブルコインに関する見解

　国税庁は、2017 年 6 月税務大学校論叢第 88 号「仮想通貨の税務上の取扱い－現状と課題－」（税務大学校研究部教育官　安河内誠）および同年の税制改正大綱を皮切りに毎年、タックスアンサー、情報および FAQ 等で暗号資産について公表していますが、これらの公表情報には、「ステーブルコイン」の文字はありません。

　他方、「いわゆるステーブルコイン」という用語は、2020 年 7 月 7 日金融庁金融活動作業部会が「いわゆるステーブルコインに関する G20 財務大臣・中央銀行総裁への FATF 報告書」において使用されています。この頃から、徐々に「ステーブルコイン」が広く認知され始めるようになります。

　国税庁関連の資料で、ステーブルコインという言葉を用いているものとしては、税大ジャーナル第 34 号掲載予定（ウェブ掲載日 2023 年 9 月 6 日）「第 74 回 IFA（国際租税協会）年次総会の模様について」（小杉直史、小嶋英夫）[10] があります。この中で、「資産参照型トークン」の説明（注釈）として「ステーブルコインのうち、『複数の法定通貨』、『商品』、『暗号資産』

9　国税庁「暗号資産等に関する税務上の取扱いについて（情報）」（2023 年 12 月 25 日）
　https://www.nta.go.jp/publication/pamph/pdf/virtual_currency_faq_03.pdf

のいずれかの価値を参照するもの」として登場します。

　ステーブルコインは発行体の種類や利用者との契約関係により法律上の扱いが異なります。改正資金決済法が、2023年6月1日に施行され、ステーブルコインの発行事業者による登録申請や届出のための事前相談が行われているものと思われます。金融庁の対応次第では、すぐにでも日本で「電子決済手段」が登場するでしょう。加えて、税務の面でも、「暗号資産等に関する税務上の取扱いについて」（FAQ）により手当てされたことになります。

　そうなると、税理士はクライアントが保有する「ステーブルコイン」が、その種類によって、今までの暗号資産と同じ扱いの課税されるステーブルコインであるのか、それとも「電子決済手段」として課税されないステーブルコインなのか、判断する必要が生じることになります。

ステーブルコインの種類と位置づけ

　ステーブルコインは、世界中ですでにさまざまな種類が発行されており、また、新規のステーブルコインも次々と発表されています。金融庁が2022年6月3日に公表した「『海外のステーブルコインのユースケース及び関連規制分析に関する調査』報告書」[11]（以下「金融庁ステーブルコイン報告書」といいます。）によれば、2022年2月時点でUSDT（Tether）、USDC（USD Coin）、BUSD（Binance USD）の3社がステーブルコイン発行残高の80％以上のシェアを占めていました。しかし、2023年2月、米ニューヨーク州金融サービス局（NYDFS）の命令により、発行元であるPaxos社はBUSDの発行を停止[12]、2023年12月にはBinanceが

10　小杉直史、小嶋英夫「第74回IFA（国際租税協会）年次総会の模様について」税大ジャーナル第36号以降掲載予定（ウェブ掲載日2023年9月6日）
　　https://www.nta.go.jp/about/organization/ntc/kenkyu/journal/saisin/0023009-001_kosugi_kojima.pdf

11　金融庁『『海外のステーブルコインのユースケース及び関連規制分析に関する調査』報告書」（2022年3月）2頁
　　https://www.fsa.go.jp/common/about/research/20220603/20220603.html

12　Paxos社 Press Release（2023年2月13日）
　　https://paxos.com/2023/02/13/paxos-will-halt-minting-new-busd-tokens/

BUSD のサポート終了を発表するなど、状況は刻々と変化しています。

　また、ステーブルコインの中に、USDT（Tether）、USDC（USD Coin）、BUSD のほかにも、DAI、PYUSD などのさまざまなステーブルコインが存在します。そこで、ここではまずは筆者（坂本）の見解に基づき、現状の日本の制度に照らした位置づけを紹介します。

図表　主な決済手段とステーブルコインの位置づけ（2023 年 12 月現在）

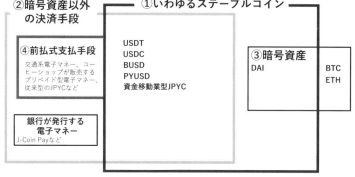

　上記の図表では、「①いわゆるステーブルコイン」に該当するものを、「②暗号資産以外の決済手段」と「③暗号資産」としての利用が多いコインに分けています。暗号資産以外の決済手段にはさまざまなものがありますが、その一例として、すでに生活の中で使われている交通系電子マネーやプリペイド型電子マネーなどの前払式決済手段、スマホ決済サービス J-Coin Pay を掲載しています。

　あくまで筆者（坂本）の私見ですが、次の図表では、ステーブルコインの中で、電子決済手段として位置づけられると予想されるものを反映しました。

図表　今後予想される電子決済手段の位置づけ

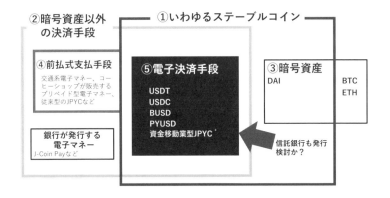

　USDT、USDC は、金融庁ステーブルコイン報告書でもステーブルコインの大半のシェアを占めていることが明らかにされています。今後、これらのステーブルコインは、日本国内において、電子決済手段として、電子決済手段等取引業の登録を取得した事業者による取扱いが期待されます。

　実際に、USDC は、運用会社 Circle の CEO ジェレミー・アレール氏が2023 年 7 月 6 日 CoinDesk JAPAN のインタビューで日本参入を示唆しています[13]。また、Binance Japan は、国内発行のステーブルコインについて、電子決済手段等取引業による取扱いを目指しているようです。

　さらに、JPYC 社は、同社ホームページにおいて「今後、電子決済手段としてステーブルコインを発行し、その裏付けとして国債を購入し、その運用益と、JPYC の技術を利用した関連事業の手数料収入などが収益」となるビジネスモデルを構築すると公表しています[14]。

13　CoinDesk Japan「ステーブルコインの米サークル、日本での発行を検討開始：CEO インタビュー」（2023
　　年 7 月 6 日）
　　https://www.coindeskjapan.com/192587/

14　JPYC 株式会社「JPYC/ 今後のステーブルコイン業界等の Q&A をご紹介」（2023 年 6 月 15 日）
　　https://jpyc.co.jp/news/posts/QA_AP

主なステーブルコインの紹介

　ここからは、いわゆるステーブルコインと呼ばれているもののうち、代表的なものについて紹介します。上記図表で示したとおり、2024 年以降に電子決済手段とされる可能性が高いと筆者（坂本）が考えるステーブルコインを中心にしています。なお、これらは読者が本書を手に取っている段階では電子決済手段として認められていない可能性もありますので、実務で最終的な判断をする上では、必ず実際の状況を確かめてください。

① USDT（Tether）

・発行元：Tether

・本書におけるステーブルコインの分類：デジタルマネー類似型ステーブルコイン／外国発行型ステーブルコイン

・説明：米ドルに対して 1：1 で交換可能。国外の暗号資産の取引所では、基軸通貨的な利用をすることから、利用者が拡大した。時価総額はステーブルコインの中では一番大きく、それゆえ、流動性が高いステーブルコインであるといえる。

　すべての USDT は、準備金が 100％裏付けられていることについて透明性を維持するため、発行済のコインおよび予備資産の情報は公開されて更新されている。

　時価総額は、2023 年 12 月 8 日時点 Coin Market Cap 調べ[15] で約 12.9 兆円。

② USDC（USD Coin）

・発行元：Circle 社

・本書におけるステーブルコインの分類：デジタルマネー類似型ステーブルコイン／外国発行型ステーブルコイン

15　Coin Market Cap
　　https://coinmarketcap.com/ja/view/stablecoin/

・説明：米ドルに対し 1：1 で交換可能。元本となる USDC の準備金は、米国最大の投資ファンド BlackRock や BNY Mellon を含む主要な米国の金融機関によって保管されている[16]。

2021 年には米国カード大手の Visa が USDC の決済機能を拡張、その結果、シェアが拡大した。

③ BUSD（Binance USD）

・発行元：Binance

・本書におけるステーブルコインの分類：デジタルマネー類似型ステーブルコイン／外国発行型ステーブルコイン

・説明：米ドルに対し 1：1 で交換可能。

なお、前掲のとおり 2023 年 2 月に Paxos 社は BUSD の発行を停止している。

また、2023 年 12 月 15 日に Binance が BUSD のサポートを終了することも公表されている。

時価総額は、2023 年 12 月 8 日時点 Coin Market Cap 調べで約 2,206 億円。

④ PYUSD（PayPal USD）

・発行元：Paxos 社

・本書におけるステーブルコインの分類：デジタルマネー類似型ステーブルコイン／外国発行型ステーブルコイン

・説明：米ドルに対し 1：1 で交換可能。既存のオンライン決済サービス PayPal や、PayPal のアプリでも利用できる[17]。

時価総額は、2023 年 12 月 8 日時点 Coin Market Cap 調べで約 228 億円。

16　https://www.circle.com/en/usdc

17　https://www.paypal.com/us/cshelp/article/what-is-paypal-usd-pyusd-help1005

⑤ DAI

・発行元：MakerDAO

・本書におけるステーブルコインの分類：暗号資産型ステーブルコイン

・説明：ETH などの裏付資産を前提に、スマートコントラクトを利用した清算アルゴリズムを利用して、1 トークン＝ 1 ドルに連動することを目指して設計されている。常に米ドルに対し 1 ： 1 で交換可能。DAI は、2015 年に世界初の誰でも参加可能な、安定した暗号資産価値を持つトークンの流通を目指して発行された。DAI の発行については、中央集権的な機関ではなく、MakerDAO と呼ばれる組織による自律分散的な運営が目指されている [18]。

時価総額は、2023 年 12 月 8 日時点 Coin Market Cap 調べで約 7,669 億円。

⑥資金移動業型 JPYC

・発行元：JPYC 株式会社

・本書におけるステーブルコインの分類：デジタルマネー類似型ステーブルコイン／資金移動業型ステーブルコイン

・説明：JPYC 株式会社が取得予定の資金移動業の登録に基づいて、日本円に連動する形で発行することが予定されている。

1 JPYC ＝ 1 円として購入・決済利用を保証される予定である。裏付け資産は、法定通貨・国債などの形で、全額供託される予定である。

日本円でのステーブルコインであるため、今後、取扱事業者の拡大、普及が広がる可能性がある。

18　https://makerdao.com/en/

何が電子決済手段にあたるか

　こうしたステーブルコインのいくつかが、今後「電子決済手段」とされると、これまでの暗号資産の一部としての扱いから、ステーブルコインと「電子決済手段」を分ける判断が必要になります。

電子決済手段かどうかの確認方法

　そのステーブルコインが電子決済手段であるかどうかの判断が必要なときは、まず、「電子決済手段等取引業者」の登録を取得している事業者を探すことになります。

　そして、当該電子決済手段等取引業者のサイト等を確認し、当該ステーブルコインが「電子決済手段」として取り扱われているか否かを判断することになります。

金融庁　免許・許可・登録を受けている業者一覧

https://www.fsa.go.jp/menkyo/menkyo.html

※ここに「電子決済手段等取引業者」のリストが表示されるものと思われます。

　「電子決済手段等取引業者」になるためには、電子決済手段等取引業の登録申請を行い、当該登録を取得する必要があります。

　この登録申請は、改正資金決済法施行日の2023年6月1日から可能になっています。

　なお、2023年12月1日現在で「電子決済手段等取引業」の登録を取得した事業者はありません。

　今後、数多くの事業者がさまざまな電子決済手段の発行や取扱いを開始することが予想されます。どのようなステーブルコインが「電子決済手段」として取り扱われるかは、当局の対応や各事業者に取組みを踏まえて慎重に検討しなければならない点には留意が必要です。

国税庁は、令和 5 年 12 月 25 日「暗号資産等に関する税務上の取扱いについて（情報）」において、「電子決済手段に関する税務上の取扱い」を初めて公表しました。

これにより、ステーブルコインのうち「電子決済手段」となるものについては、明確な税務処理が可能となります。

以下、電子決済手段の取得時・譲渡時・期末時における課税関係が整理されている部分を抜粋して掲載します（「暗号資産等に関する税務上の取扱いについて（情報）」国税庁より抜粋）。

3－2－1　電子決済手段の取得時の課税関係〔令和 5 年12月追加〕

> **問**　当社は電子決済手段を金銭の払込みにより取得しました。この場合の税務上の取得価額はどうなりますか。

答　電子決済手段の券面額に基づく価額が税務上の取得価額となります。

電子決済手段は、法定通貨の価値と連動した価格で発行され、券面額に基づく価額と同額で償還を約するもの及びこれに準ずる性質を有するものとされており、要求払預金に類似する性格を有し、金銭債権に該当すると考えられます。

ところで、会計上、電子決済手段を取得した場合は、その受渡日にその電子決済手段の券面額に基づく価額をもって電子決済手段を資産として計上し、その電子決済手段の取得に際して払い込んだ金銭の額とその券面額に基づく価額との間に差額があるときは、その差を損益として処理することとされています。したがって、税務上も、電子決済手段はその券面額をもって取得価額とし、その払い込んだ金銭の額と取得した電子決済手段の券面額に基づく価額との間に差額があるときは、券面額に基づく価額に満たない部分の金額又は券面額に基づく価額を超える部分の金額は、電子

決済手段を取得した事業年度の所得金額の計算上、益金の額又は損金の額に算入することとなります。

　なお、その券面額に基づく価額を超える部分の金額が寄附金の額に該当する場合には、その寄附金の額に一定の損金算入制限がかかります。

【関係法令等】　法法 22 ④、37

3 − 2 − 2　電子決済手段の譲渡時の課税関係〔令和 5 年12月追加〕

> 問　当社は電子決済手段を第三者に譲渡しました。この場合の課税関係はどうなりますか。

答　電子決済手段を第三者に譲渡した場合において、第三者から受け取った対価の額と電子決済手段の帳簿価額に差額がある場合には、電子決済手段を移転した事業年度において、譲渡損益の額を所得金額の計算上益金の額又は損金の額に算入することになります。

　具体的には、貴社が第三者から受け取った対価の額が電子決済手段の帳簿価額を超える場合にはその超える部分の金額を所得金額の計算上益金の額に算入し、第三者から受け取った金銭の額が電子決済手段の帳簿価額に満たない場合にはその満たない部分の金額を所得金額の計算上損金の額に算入することとなります。

　なお、その帳簿価額に満たない部分の金額が寄附金の額に該当する場合には、その寄附金の 額に一定の損金算入制限がかかります。

【関係法令等】　法法 22 ④、22 の 2 、37

3 − 2 − 3　電子決済手段の期末時の課税関係〔令和 5 年12月追加〕

> 問　当社は電子決済手段を有していますが、期末に時価評価をする必要はありますか。また、期末に有する電子決済手段に対して貸倒引当金を繰り入れた場合の税務上の取扱いはどうなりますか。

答　期末に有する電子決済手段について、時価評価をする必要はありません。また、期末に有する電子決済手段に対する貸倒引当金の繰入額は、そ

の電子決済手段が個別評価金銭債権に該当する場合を除き、所得金額の計算上損金の額に算入されません。

　電子決済手段は、法定通貨の価値と連動した価格で発行され、券面額と同額で償還を約するもの及びこれに準ずる性質を有するものとされており、要求払預金に類似する性格を有し、金銭債権に該当すると考えられます。金銭債権については、税務上は期末時価評価の対象とはされていません。このため、貴社が期末に有する電子決済手段について、時価評価をする必要はありません。

　また、資本金の額が1億円以下である等の一定の要件に該当する法人は、一定の金銭債権について、その貸倒引当金の繰入額を所得金額の計算上損金の額に算入することが認められています。この点、預貯金や預け金に類するような債権は一括評価金銭債権（貸倒実績率に基づく貸倒引当金の繰り入れの対象となる、売掛金、貸付金その他これらに準ずる金銭債権）には該当しないこととされているところ、電子決済手段は一括評価金銭債権に該当しないため、法人が期末に保有する電子決済手段が個別評価金銭債権（更生計画認可の決定に基づいて弁済を猶予される等の事実が生じていることによりその一部につき貸倒れその他これに類する事由による損失が見込まれる金銭債権）に該当しない限りは、その電子決済手段に対する貸倒引当金の繰入額は所得金額の計算上、損金の額に算入されません。

　【関係法令等】　法法52①②　法人税基本通達11-2-18

3－2－4　外貨建電子決済手段の期末時の課税関係〔令和5年12月追加〕

> **問**　当社は外貨建電子決済手段（外国通貨で表示される電子決済手段をいいます。以下同じです。）を有していますが、期末における円換算の方法はどうなりますか。

答　外貨建電子決済手段の期末における換算方法は、期末時換算法又は発生時換算法のいずれかを選定することとされ、その期末における換算方法を選定しなかった場合には、発生時換算法により換算することとなりま

す。

　電子決済手段は、法定通貨の価値と連動した価格で発行され、券面額と同額で償還を約するもの及びこれに準ずる性質を有するものとされており、要求払預金に類似する性格を有し、金銭債権に該当すると考えられるところ、外貨建電子決済手段に関しては、税務上、短期外貨建債権以外の外貨建債権に該当することになります。

　短期外貨建債権以外の外貨建債権の期末における換算方法は、期末時換算法又は発生時換算法のいずれかを選定することができます。ただし、その期末における換算方法を選定しなかった場合の法定の換算方法は発生時換算法とされていますので、期末時換算法を選定する場合には、「外貨建資産等の期末換算方法等の届出書」による届出又は「外貨建資産等の期末換算方法等の変更承認申請書」による変更の申請が必要となります。

　【関係法令等】　法法 61 の 9　法令 122 の 4 ～ 122 の 7

確定申告におけるステーブルコイン（電子決済手段）の取扱いの留意点

　2023 年の所得税の確定申告では、「所得税法施行規則の一部を改正する省令」が 2023 年 4 月 1 日に施行され、確定申告書に添付する送金を証明する書類として「電子決済手段等取引業者が資金の移転を証明する書類」が掲げられていることから、この点に留意する必要があります。

　参考として、上記「所得税法施行規則の一部を改正する省令」の要旨から、「電子決算手段」に関する改正に関係する部分を抜粋して掲載します。

○所得税法施行規則の一部を改正する省令要旨（財務省ホームページより抜粋）

1・2　省略

3　確定申告において国外居住扶養親族等に係る扶養控除等の適用を受ける居住者が確定申告書に添付等をすべき書類の範囲に、電子決済手段等取引業者の電子決済手段の移転によって当該居住者から当該国外居住扶養親族等に支払をしたことを明らかにする書類等を加えることとする。（第47条の 2 関係）

（注）上記の改正は、令和6年分以後の所得税に係る確定申告書を提出する場合について適用する。（附則第4条関係）

4　省略

5　給与等に係る源泉徴収において国外居住親族に係る扶養控除に相当する控除等の適用を受けようとする居住者が給与所得者の扶養控除等申告書等に添付等をすべき書類の範囲に、電子決済手段等取引業者の電子決済手段の移転によって当該居住者から当該国外居住親族に支払をしたことを明らかにする書類等を加えることとする。（第73条の2関係）

（注）上記の改正は、令和6年1月1日以後に支払を受けるべき給与等について提出する扶養控除等申告書等について適用する。（附則第7条関係）

6　省略

7　株式等の譲渡の対価の受領者等の告知制度について、資金決済に関する法律に規定する特定信託受益権の譲渡の対価（金銭に限る。）の支払を受ける場合における国内に住所を有しない個人等が当該対価の国内における受領に関する委任契約を締結しているときの特例に係る当該対価の支払をする者の範囲に電子決済手段等取引業者を加えることとする。（第81条の20関係）

また、「所得税法施行規則の一部を改正する省令」と同様、「内国税の適正な課税の確保を図るための国外送金等に係る調書の提出等に関する法律施行規則の一部を改正する省令」として、内国税の適正な課税の確保を図るための国外送金等に係る調書の提出等に関する法律施行規則も改正されていますので、本省令の改正要旨についても掲載します。

○内国税の適正な課税の確保を図るための国外送金等に係る調書の提出等に関する法律施行規則の一部を改正する省令要旨（財務省ホームページより）

1　本人電子決済手段勘定の設定をされる電子決済手段等取引業者の営業所等の長が、当該本人電子決済手段勘定の設定をする者等の個人番号の確認を要しない者の範囲等を定めることとする。（第3条関係）

2　国外電子決済手段移転等に係る告知書について、告知書の記載事項の細目

及び告知書の提出の際に確認書類の提示等を要しない者の範囲を定めること
とする。（第 4 条、第 11 条の 6 、第 11 条の 7 関係）

3　国外電子決済手段移転等をした電子決済手段の価額の本邦通貨への換算の
方法を定めることとする。（第 11 条の 8 関係）

4　国外電子決済手段移転等調書の記載事項の細目を定めることとする。（第
11 条の 9 関係）

5　国外電子決済手段移転等調書の提出方法等について、所轄の税務署長以外
の税務署長に国外電子決済手段移転等調書の記載事項の提供をしようとする
場合に所轄の税務署長へ提出する承認申請書の記載事項の細目等を定めるこ
ととする。（第 11 条の 10 関係）

6　その他所要の規定の整備を行うこととする。

7　この省令は、別段の定めがあるものを除き、令和 6 年 1 月 1 日から施行す
ることとする。（附則関係）

ステーブルコインの会計上の取扱い

　ステーブルコインの会計上の取扱いについて、以前は、ステーブルコインは、暗号資産の一部としての取扱いにすぎなかったところ、2023年の改正資金決済法施行後は、大きく取扱いが変わります。

　企業会計基準委員会は2022年8月から、資金決済法上の「電子決済手段」の発行および保有等に係る会計上の取扱いについて、検討を開始しました。本来、改正資金決済法の施行（2023年6月1日）にあわせて開発を進めることになっていましたが、実務対応報告の最終化の前に施行日を迎えてしまいましたので、実務対応報告の公表日以後に適用されることとなり、2023年11月17日にようやく実務対応報告第45号「資金決済法における特定の電子決済手段の会計処理及び開示に関する当面の取扱い」および企業会計基準第32号「『連結キャッシュ・フロー計算書等の作成基準』の一部改正」が公表されています[19]。

改正資金決済法による変化

　「資金決済法における特定の電子決済手段の会計処理及び開示に関する当面の取扱い」では、対象となる電子決済手段について、

　①送金・決済手段として使用されるもの、

　②電子決済手段の利用者の請求により、電子決済手段の券面額に基づく価額と同額の金銭による払戻しを受けることができるものであり、価値の安定した電子的な決済手段、

　③流通性があるもの、

　という3つの特徴を有することを前提として、電子決済手段の保有に係

19　企業会計基準委員会　実務対応報告第45号「資金決済法における特定の電子決済手段の会計処理及び開示に関する当面の取扱い」等の公表（2023年11月17日）
https://www.asb.or.jp/jp/accounting_standards/practical_solution/y2023/2023-1117.html

る会計処理を次のように規定しています。

図表　電子決済手段の保有に係る会計処理

電子決済手段の取得時の会計処理	電子決済手段を取得したときは、その受渡日に当該電子決済手段の券面額に基づく価額をもって電子決済手段を資産として計上し、当該電子決済手段の取得価額と当該券面額に基づく価額との間に差額がある場合、当該差額を損益として処理する。
電子決済手段の移転時または払戻時の会計処理	電子決済手段を第三者に移転するとき又は電子決済手段の発行者から本実務対応報告の対象となる電子決済手段について金銭による払戻しを受けるときは、その受渡日に当該電子決済手段を取り崩す。電子決済手段を第三者に移転するときに金銭を受け取り、当該電子決済手段の帳簿価額と金銭の受取額との間に差額がある場合、当該差額を損益として処理する。
期末時の会計処理	電子決済手段は、期末時において、その券面額に基づく価額をもって貸借対照表価額とする。

出典：企業会計基準委員会「実務対応報告第45号　資金決済法における特定の電子決済手段の会計処理及び開示に関する当面の取扱い」（2023年11月17日）を基に筆者（坂本）作成

　また、同基準によれば、外国電子決済手段を「外貨建電子決済手段」と定義し、以下のように処理することとされました[20]。

　●外貨建電子決済手段の期末時における円換算
　企業会計審議会「外貨建取引等会計処理基準」一 2 (1) ①の定めに準じる（外国通貨については、決算時の為替相場による円換算額を付する。）。
　●外貨建電子決済手段に係る払戻義務の期末時における円換算
　外貨建取引等会計処理基準 一 2 (1) ②の定めに従う。

20　企業会計基準委員会　第497回企業会計基準委員会の概要
　　https://www.asb.or.jp/jp/project/proceedings/y2023/2023-0308.html

また、「『連結キャッシュ・フロー計算書等の作成基準』の一部改正」」では、連結キャッシュ・フロー計算書等における資金の範囲について特定の電子決済手段（資金決済法2条5項1号から第3号に規定される電子決済手段（外国電子決済手段については、利用者が電子決済手段等取引業者に預託しているものに限る。））を現金に含めるとしています。

　これにより、今後会計科目が以下のように記載されることになります。

電子決済手段を個人が購入した場合の仕訳処理

例：100,000万円の電子決済手段を100,100円で取得した場合

　（手数料を100円としたケース）

〇電子決済手段を取得する側の会計処理

　（借方）電子決済手段　100,000円　（貸方）現金　　　　　100,100円

　　　　　支払手数料　　　　100円

〇電子決済手段を売却する側の会計処理

　（借方）現金　　　　　100,000円　（貸方）電子決済手段　100,000円

図表　電子決済手段を保有する貸借対照表の例（抜粋）

（単位：千円）

勘定科目	金額
I　資産の部	
流動資産	17,000
現金	6,000
預金	2,000
電子決済手段	4,000
外貨建電子決済手段（USDT）	6,000

税理士の視点で考える！
ステーブルコインについてよくある質問

　ここからは、筆者（坂本）がステーブルコインについて、クライアント
や税理士から受けた質問とその回答を共有します。鍵を握るのは、やはり
クライアントの保有するステーブルコインが「電子決済手段」か「暗号資
産」かの判別を正しく行えるかどうかです。

質問　ステーブルコインが電子決済手段になると聞きましたが、果
たして社会に受け入れられるのでしょうか？

回答　電子決済手段は、銀行送金に比べると圧倒的に送金手数料が
安く、その上、送金速度も速いです。電子決済手段になれ
ば、利用者は増えるでしょう。

解説

　現在、全国銀行データ通信システムの資金決済は、1営業日平均約
675万件、約12.2兆円の取引が行われています[21]。この手数料だけ
でも莫大な金額になるでしょう。電子決済手段を用いることでそれが
安くなるのであれば、電子決済手段の利用も多くなると思料します。

質問　私は、ステーブルコインDAIを購入して、売却しました。
課税されますか？

21　一般社団法人全国銀行協会　全国銀行データ通信システム（全銀システム）
https://www.zenginkyo.or.jp/abstract/efforts/system/zengin-system/

DAIは、ステーブルコインですが、分類としては暗号資産型ステーブルコインになるため、暗号資産の課税ルールに従うことになります。

解説

いわゆる法定通貨建てのステーブルコインの中で、アルゴリズムで価格の安定を試みるステーブルコインは、暗号資産や金融商品として規律されます。とりわけ DAI は、暗号資産であると考えられており、基本的に暗号資産の課税ルールに従うことになります。例えば、4 月 2 日に 4,000,000 円で 40,000DAI を購入し、4 月 20 日に 2,000DAI を 210,000 円で売却した場合、10,000 円の所得があったものとして所得税の計算を行うことになります[22]。

質問 以前、日本の取引所で１BUSD128円のレートで10,000BUSD（1,280,000円相当）買いました。そのBUSDを1BUSD150円（1,500,000円相当）で全部売却しました。この場合、どのように課税されますか？

回答 売却時の為替差益220,000円が課税対象になると考えられます。

解説

- 1 BUSD128 円で 1 万 BUSD 購入　　128 × 10,000 ＝ 1,280,000 円
- 1 BUSD150 円で 1 万 BUSD 売却　　150 × 10,000 ＝ 1,500,000 円
- 為替差益　　1,500,000 － 1,280,000 ＝ 220,000 円

22　国税庁「暗号資産等に関する税務上の取扱いについて（情報）」FAQ1-1（2023 年 12 月 25 日）
　　https://www.nta.go.jp/publication/pamph/pdf/virtual_currency_faq_03.pdf

外国発行型ステーブルコインである BUSD は、ドルと円との為替差益が発生することになるため、この差益が課税対象となると考えられます。

質問　知人からステーブルコインのICOに誘われて、利益が40万円出ました。ステーブルコインだから課税はされないと聞いたのですが、本当でしょうか？

回答　ステーブルコインの明細を確認して、利益が出ているようであれば、課税される可能性もあります。

解説

ICO とは、Initial Coin Offering の略で、新規に暗号資産が公開されて市場で売買ができることをいいます。

こうした ICO では、多くの場合、宣伝文句や口コミで購入していることが多いため、購入したコインの性質もわからない場合があります。

電子決済手段であるステーブルコインは、ドルや円に連動しているにすぎず、ICO で購入できるものは少ないです。

したがって ICO でステーブルコインと称しているコインは、その実態がステーブルコインであるとは限らず、また、ステーブルコインであるか否かに限らず、利益が出ている場合は何らかの課税が生じる可能性がありますので、個別具体的な事情を考慮した丁寧な検討が必要です。

ステーブルコインと税務調査

2023 年 12 月現在、国税庁の資料などからは、ステーブルコインについての具体的な税務調査についての事例情報は確認できませんので、参考までに、暗号資産を巡る税務調査関連の情報を紹介します。

暗号資産関連税務調査の現状

国税庁は 2023 年 11 月「令和 4 事務年度　所得税及び消費税調査等の状況」[23] の中で、「インターネット取引を行っている個人に対する調査状況」として、令和 4 事務年度において暗号資産等取引を行っている個人に対する税務調査を 615 件実施し、調査案件 1 件当たりの申告漏れの所得金額は 3,077 万円、追徴税額は 1,036 万円であると公表しました。

前年と比較すると、暗号資産取引等を行っている個人に対する税務調査は 171 件上回り（前年 444 件）、調査案件 1 件当たりの申告漏れの所得税額は 582 万円少なく（同 3,659 万円）、1 件当たりの追徴税額は 158 万円少なくなっています（同 1,194 万円）。

2023 年の 1 件当たりの申告漏れ所得金額、それに伴う追徴税額は、前年から減少しているものの、2020 年から 2023 年にかけて、コロナウイルス蔓延（まん）により税務調査が自粛されていたことを踏まえても、暗号資産の税務調査では多額の申告漏れが指摘されたことがわかります。

令和 4 事務年度の税務調査の総数約 3 万 5 千件のうちの暗号資産取引等を行っている個人に対する税務調査 615 件ですから、件数は多くないものの、同年の富裕層に対する税務調査の 1 件当たりの申告漏れ所得金額 3,331 万円と、暗号資産の税務調査 1 件当たりの申告漏れ所得金額（3,077 万円）にはそれほど大きな差はないことから、暗号資産の税務調査を受け

23　国税庁「令和 4 事務年度 所得税及び消費税調査等の状況」（2023 年 11 月）
　　https://www.nta.go.jp/information/release/kokuzeicho/2023/shotoku_shohi/index.htm

ると多額の追徴が行われることが読み取れます。

図表　暗号資産（仮想通貨）等取引（調査状況）

項目　　　　　　　　事務年度等		3 事務年度	4 事務年度	対前年比	4 事務年度　実地調査（特別・一般）全体
調　査　件　数	件	444	615	138.5%	35,751
申告漏れ等の非違件数	件	405	548	135.3%	31,271
申告漏れ所得金額	億円	162	189	116.7%	5,204
追　徴　税　額	億円	53	64	120.8%	980
一件当たり｜申告漏れ所得金額	万円	3,659	3,077	84.1%	1,456
一件当たり｜追徴税額	万円	1,194	1,036	86.8%	274

図表　富裕層に対する調査の状況

項目　　　　　　　　事務年度等		3 事務年度	4 事務年度	対前年比	4 事務年度　実地調査（特別・一般）全体
調　査　件　数	件	2,227	2,943	132.2%	35,751
申告漏れ等の非違件数	件	1,963	2,533	129.0%	31,271
申告漏れ所得金額	億円	839	980	116.8%	5,204
追　徴　税　額	億円	238	183	76.9%	980
一件当たり｜申告漏れ所得金額	万円	3,767	3,331	88.4%	1,456
一件当たり｜追徴税額	万円	1,067	623	58.4%	274

出典：国税庁「令和 4 事務年度 所得税及び消費税調査等の状況」（2023 年 11 月）
https://www.nta.go.jp/information/release/kokuzeicho/2023/shotoku_shohi/index.htm

一方で、従来の銀行取引で現金を介した経済活動とは異なるステーブルコインや暗号資産の取引は、新たな経済取引であることから、税務当局にとっても調査手法や資料源の開発といった新しい取組みが必要になっています。

　2023年6月に公表された税制調査会「わが国税制の現状と課題　—令和時代の構造変化と税制のあり方—」[24] では、国税庁の今後の課題として暗号資産の税務調査の難しさが示されています。調査をするための接触を一切拒否された事例として、国内・海外にわたり暗号資産の取引をしていた納税者について、無申告が疑われたため調査を行おうと、着手のため電話・書面によって1年以上にわたって接触を試みるも無視され続けたため、膨大な事務量を投じて反面調査等を行い、暗号資産から生じた雑所得のうち国内取引を中心に解明できた分については、更正処分を行ったが、海外取引の全容を解明することはできなかったという事例が紹介されています。

　この事例の問題点として、「反面調査をするためには、その端緒として何らかの情報が必要だが、調査をするための接触を一切拒否された場合にはそうした端緒がつかめず、取引の全容解明は困難を伴い、また、仮想隠蔽行為の有無も確認することが困難となる」としています。

図表　調査をするための接触を一切拒否された事例

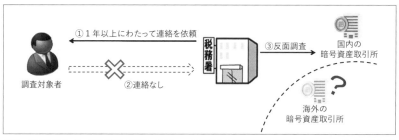

出典：税制調査会「わが国税制の現状と課題　—令和時代の構造変化と税制のあり方—」（2023年6月）257頁
　　　https://www.soumu.go.jp/main_content/000894359.pdf

24　税制調査会「わが国税制の現状と課題　—令和時代の構造変化と税制のあり方—」（2023年6月）
　　https://www.soumu.go.jp/main_content/000894359.pdf

　このような課税を回避する行為に対して、国税庁は、国外投資から生じた所得の申告漏れの把握、徴収共助による滞納国税の徴収を柱とした「外国税務当局との情報交換により得られるデータの活用」を推し進めています[25]。外国の金融機関の預金口座を利用した脱税、租税回避を防ぐ目的で経済協力機構（OECD）が策定した国際間情報共有システムである共有報告基準（CRS: Common Reporting Standard）（以下、「CSR」といいます。）に基づく非居住者の金融口座情報の積極的活用を図るほか、外国税務当局との連携・協調を強化することで、公平な課税の実現を目指しています。今後、CRS などの情報を基に、調査対象にされることが予見されます。

覚えておきたい裁決事例

　現在、暗号資産に関する国税不服審判所の裁決はいくつかありますが、税理士として特に覚えておきたい裁決をご紹介しましょう。

　暗号資産のマイニングマシンを購入したことで、マイニングに係る収益が、事業所得ではなく雑所得になると判断された事例です。

　数年前、以下のような販売パンフレットによるセールスが数多くありました。

25　国税庁「税務行政のデジタル・トランスフォーメーション　−税務行政の将来像 2023 −」（令和 5 年 6 月 23 日）

https://www.nta.go.jp/about/introduction/torikumi/digitaltransformation2023/pdf/syouraizo2023.pdf

図表　マイニングマシンのパンフレット（イメージ）

【ビットコイン・マイニングマシン販売運用サービス】

　大手のマイニングファームと提携し、マイニングマシンの販売・運用サービスを開始します。

　マイニングマシンをご購入後、毎月マイニング報酬を受け取れます。

　報酬は、マイニングファームが安全に管理し、契約満了日の報酬支払期限にお支払いします。

　マイニングマシンは、モンゴルで運用することから、電気代は格安です。

　お客様によるマイニングマシンの設置・メンテナンスは不要です。

●初期投資：1,000万円（マイニングマシン代金・輸送費・設置費用・通関手数料・保守サービスの一切を含みます。）

●契約期間：2年間

●収益シミュレーション：24カ月運用で3.5BTC

　暗号資産のマイニングマシンの購入には、「中小企業経営強化税制」を適用することができ、費用の全額の即時償却または税額控除が可能です。

　そのマイニングマシンを購入した請求人（納税者）は、設備を購入し、リスクを覚悟で事業展開し、精神的・肉体的にも労力を費やしていること、および「中小企業経営強化税制」も適用になっていることから事業所得であるとして確定申告をしたところ、税務調査で、マイニング報酬は事業というよりはマイニング事業への投資であり、受け取っているのは投資のリターンであるとして雑所得に該当すると更正処分を受け、その後裁決でも同様の判断がされました（令和4年1月7日大裁（所）令3-28）。

このように暗号資産での節税策をうたう商品は後を絶ちませんが、もし、クライアントから相談があった場合などは、パンフレットの内容を鵜呑みにせず、暗号資産の課税のポイントを確認し、その費用についても税務上妥当であるかの確認が必要です。

銀行主体の調査からウォレット調査へ

2016年4月、国税庁はリーフレット「税務手続について　～近年の国税通則法等の改正も踏まえて～」[26]を作成しました。

このリーフレットは、国税通則法等の改正により、税務調査手続きの中に「事前通知」が組み込まれたことから、その周知のために作成したようです。リーフレットには、事前通知以外にも「取引先等への調査」としての項目を設け「税務調査において必要がある場合には、取引先や雇用主などに対し、質問や検査等を行うことがあります。」と明記されています。

納税者以外の者に対して、税務調査を行うことを「反面調査」と呼びます。反面調査の対象には、前述の取引先等だけでなく、銀行などの金融機関も当然含まれています。

税務調査において、銀行などの金融機関の調査等の反面調査では、①収入・支出の確認、②送金先の確認、③資産の残高確認を行うことができ、資金の流れを解明できるだけでなく、資金の流れに関する証拠収集も可能です。

26　国税庁「税務手続について　～近年の国税通則法等の改正も踏まえて～」（2016年4月）
https://www.nta.go.jp/publication/pamph/koho/02.pdf

図表　税務調査手続きの流れ

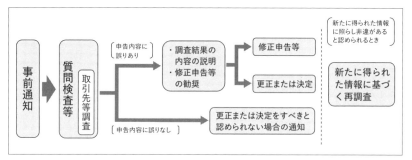

出典：国税庁「税務手続について　～近年の国税通則法等の改正も踏まえて～」（2016年4月）2頁《税務調査手続の流れ（イメージ）》を一部改変

　一方、日本政府は、これまで説明してきたとおり、社会・経済全体のデジタル化が進む中で、金融のデジタル化も加速するとして、送金・決済手段のデジタル化の制度整備を進めてきました。その産物が2023年改正資金決済法施行による電子決済手段等取引業の創設、つまりはステーブルコインの法制化です。今後、電子決済手段とされたステーブルコインが社会に浸透し、多くの企業・個人が利用することが想像できます。

　そうすると、税務調査も今までのような送金の中継拠点のある銀行調査で預金元帳による資金移動を追う方法から、ステーブルコインのウォレット履歴調査による、ブロックチェーンアドレス等の資金の移動調査に移行するのも、そう遠くない未来に起こるかもしれません。

国税庁にデジタル人材増強の動き

　国税庁は説明書「スマホで確定申告（暗号資産編）」[27]を公開するなど、税務行政のデジタル化を進めており、今後は、税務職員も理工・デジタル系に強くなり進化していく必要があります。

　2023年度から国税庁の中核職員の採用試験である国税専門官採用試験

27　国税庁「スマホで確定申告（暗号資産編）」
　　https://www.nta.go.jp/taxes/shiraberu/shinkoku/tebiki/2019/kisairei/sp/pdf/04.pdf

に、新試験区分である「理工・デジタル系」が創設されました[28]。2024年から理工・デジタルに強い職員が国税局・税務署へ配属されることになります。こうした専門性をもつ職員が、今までの既存の金融機関等の税務調査をステーブルコイン・暗号資産などのウォレット中心の税務調査に変えていくかもしれません。

　そうなると、電子決済手段・ステーブルコイン・暗号資産を保有するクライアントをもつ税理士は、少なくとも本書で取り上げているような最低限の関連知識の習得は必須になってくると思われます。

参考資料

○暗号資産等に関する税務上の取扱いについて（情報）

$$\left(\begin{array}{l}\text{2023 年 12 月 25 日　国税庁}\\ \text{課税総括課情報第 14 号ほか}\\ \text{5 課共同より一部抜粋}\end{array}\right)$$

28　国税庁「【2023（令和5）年度開始】新試験区分（理工・デジタル系）の創設について」
https://www.nta.go.jp/about/recruitment/digital/index.htm

3－2　電子決済手段関係

3－2－1　電子決済手段の取得時の課税関係〔令和5年12月追加〕

> **問**　当社は電子決済手段を金銭の払込みにより取得しました。この場合の税務上の取得価額はどうなりますか。

答　電子決済手段の券面額に基づく価額が税務上の取得価額となります。

　　電子決済手段は、法定通貨の価値と連動した価格で発行され、券面額に基づく価額と同額で償還を約するもの及びこれに準ずる性質を有するものとされており、要求払預金に類似する性格を有し、金銭債権に該当すると考えられます。

　　ところで、会計上、電子決済手段を取得した場合は、その受渡日にその電子決済手段の券面額に基づく価額をもって電子決済手段を資産として計上し、その電子決済手段の取得に際して払い込んだ金銭の額とその券面額に基づく価額との間に差額があるときは、その差額を損益として処理することとされています。したがって、税務上も、電子決済手段はその券面額をもって取得価額とし、その払い込んだ金銭の額と取得した電子決済手段の券面額に基づく価額との間に差額があるときは、券面額に基づく価額に満たない部分の金額又は券面額に基づく価額を超える部分の金額は、電子決済手段を取得した事業年度の所得金額の計算上、益金の額又は損金の額に算入することとなります。

　　なお、その券面額に基づく価額を超える部分の金額が寄附金の額に該当する場合には、その寄附金の額に一定の損金算入制限がかかります。

【関係法令等】

　　法法22④、37

112

３－２－２　電子決済手段の譲渡時の課税関係〔令和 5 年 12 月追加〕

> **問**　当社は電子決済手段を第三者に譲渡しました。この場合の課税関係はどうなりますか。

答　電子決済手段を第三者に譲渡した場合において、第三者から受け取った対価の額と電子決済手段の帳簿価額に差額がある場合には、電子決済手段を移転した事業年度において、譲渡損益の額を所得金額の計算上益金の額又は損金の額に算入することになります。

　　具体的には、貴社が第三者から受け取った対価の額が電子決済手段の帳簿価額を超える場合にはその超える部分の金額を所得金額の計算上益金の額に算入し、第三者から受け取った金銭の額が電子決済手段の帳簿価額に満たない場合にはその満たない部分の金額を所得金額の計算上損金の額に算入することとなります。

　　なお、その帳簿価額に満たない部分の金額が寄附金の額に該当する場合には、その寄附金の額に一定の損金算入制限がかかります。

【関係法令等】

　　法法22④、22の 2 、37

3-2-3 電子決済手段の期末時の課税関係〔令和5年12月追加〕

> **問** 当社は電子決済手段を有していますが、期末に時価評価をする必要はありますか。また、期末に有する電子決済手段に対して貸倒引当金を繰り入れた場合の税務上の取扱いはどうなりますか。

答 期末に有する電子決済手段について、時価評価をする必要はありません。また、期末に有する電子決済手段に対する貸倒引当金の繰入額は、その電子決済手段が個別評価金銭債権に該当する場合を除き、所得金額の計算上損金の額に算入されません。

　電子決済手段は、法定通貨の価値と連動した価格で発行され、券面額と同額で償還を約するもの及びこれに準ずる性質を有するものとされており、要求払預金に類似する性格を有し、金銭債権に該当すると考えられます。金銭債権については、税務上は期末時価評価の対象とはされていません。このため、貴社が期末に有する電子決済手段について、時価評価をする必要はありません。

　また、資本金の額が1億円以下である等の一定の要件に該当する法人は、一定の金銭債権について、その貸倒引当金の繰入額を所得金額の計算上損金の額に算入することが認められています。この点、預貯金や預け金に類するような債権は一括評価金銭債権（貸倒実績率に基づく貸倒引当金の繰り入れの対象となる、売掛金、貸付金その他これらに準ずる金銭債権）には該当しないこととされているところ、電子決済手段は一括評価金銭債権に該当しないため、法人が期末に保有する電子決済手段が個別評価金銭債権（更生計画認可の決定に基づいて弁済を猶予される等の事実が生じていることによりその一部につき貸倒れその他これに類する事由による損失が見込まれる金銭債権）に該当しない限りは、その電子決済手段に対する貸倒引当金の繰入額は所得金額の計算上、損金の額に算入されません。

【関係法令等】

法法52①②
法人税基本通達11-2-18

３－２－４　外貨建電子決済手段の期末時の課税関係〔令和5年12月追加〕

> **問**　当社は外貨建電子決済手段（外国通貨で表示される電子決済手段をいいます。以下同じです。）を有していますが、期末における円換算の方法はどうなりますか。

答　外貨建電子決済手段の期末における換算方法は、期末時換算法又は発生時換算法のいずれかを選定することとされ、その期末における換算方法を選定しなかった場合には、発生時換算法により換算することとなります。

　電子決済手段は、法定通貨の価値と連動した価格で発行され、券面額と同額で償還を約するもの及びこれに準ずる性質を有するものとされており、要求払預金に類似する性格を有し、金銭債権に該当すると考えられるところ、外貨建電子決済手段に関しては、税務上、短期外貨建債権以外の外貨建債権に該当することになります。

　短期外貨建債権以外の外貨建債権の期末における換算方法は、期末時換算法又は発生時換算法のいずれかを選定することができます。ただし、その期末における換算方法を選定しなかった場合の法定の換算方法は発生時換算法とされていますので、期末時換算法を選定する場合には、「外貨建資産等の期末換算方法等の届出書」による届出又は「外貨建資産等の期末換算方法等の変更承認申請書」による変更の申請が必要となります。

【関係法令等】

法法61の9

法令122の4～122の7

○資金決済法における特定の電子決済手段の会計処理及び開示に関する当面の取扱い

> 2023 年 11 月 17 日
> 実務対応報告第 45 号
> 企業会計基準委員会より一部抜粋

目 的

1. 本実務対応報告は、「資金決済に関する法律」(平成 21 年法律第 59 号。以下「資金決済法」という。)第 2 条第 5 項に規定される電子決済手段のうち特定の電子決済手段の会計処理及び開示に関する当面の取扱いとして、必要最小限の項目について、実務上の取扱いを明らかにすることを目的とする。

範 囲

2. 本実務対応報告は、資金決済法第 2 条第 5 項に規定される電子決済手段のうち、第 1 号電子決済手段、第 2 号電子決済手段及び第 3 号電子決済手段を対象とする。

 ただし、第 1 号電子決済手段、第 2 号電子決済手段又は第 3 号電子決済手段のうち外国電子決済手段については、電子決済手段の利用者が電子決済手段等取引業者に預託しているものに限る。

3. 前項にかかわらず、第 3 号電子決済手段の発行者側に係る会計処理及び開示に関しては、実務対応報告第 23 号「信託の会計処理に関する実務上の取扱い」(以下「実務対応報告第 23 号」という。)を適用する。

用語の定義

4. 本実務対応報告における用語の定義は、次のとおりとする。

 (1) 「第 1 号電子決済手段」とは、資金決済法第 2 条第 5 項第 1 号に規定される電子決済手段をいう。

 (2) 「第 2 号電子決済手段」とは、資金決済法第 2 条第 5 項第 2 号に規定される電子決済手段をいう。

 (3) 「第 3 号電子決済手段」とは、資金決済法第 2 条第 5 項第 3 号に規定される電子決済手段をいう。

(4)　「外国電子決済手段」とは、外国において発行される資金決済法、資金決済法第 2 条第 31 項に規定される銀行法等、金融機関の信託業務の兼営等に関する法律（昭和 18 年法律第 43 号）又は信託業法（平成 16 年法律第 154 号）（以下合わせて「資金決済法等」という。）に相当する外国の法令に基づく電子決済手段をいう（電子決済手段等取引業者に関する内閣府令（令和 5 年内閣府令第 48 号。以下「取引業府令」という。）第 30 条第 1 項第 5 号）。

(5)　「外貨建電子決済手段」とは、外国通貨で表示される電子決済手段をいう。

(6)　「電子決済手段等取引業者」とは、資金決済法第 2 条第 12 項に規定される者をいう。

実務上の取扱い

電子決済手段の保有に係る会計処理

電子決済手段の取得時の会計処理

5．本実務対応報告の対象となる電子決済手段を取得したときは、その受渡日に当該電子決済手段の券面額に基づく価額をもって電子決済手段を資産として計上し、当該電子決済手段の取得価額と当該券面額に基づく価額との間に差額がある場合、当該差額を損益として処理する。

電子決済手段の移転時又は払戻時の会計処理

6．本実務対応報告の対象となる電子決済手段を第三者に移転するとき又は電子決済手段の発行者から本実務対応報告の対象となる電子決済手段について金銭による払戻しを受けるときは、その受渡日に当該電子決済手段を取り崩す。電子決済手段を第三者に移転するときに金銭を受け取り、当該電子決済手段の帳簿価額と金銭の受取額との間に差額がある場合、当該差額を損益として処理する。

期末時の会計処理

7．本実務対応報告の対象となる電子決済手段は、期末時において、その券面額に基づく価額をもって貸借対照表価額とする。

電子決済手段の発行に係る会計処理

電子決済手段の発行時の会計処理

8. 本実務対応報告の対象となる電子決済手段を発行するときは、その受渡日に当該電子決済手段に係る払戻義務について債務額をもって負債として計上し、当該電子決済手段の発行価額の総額と当該債務額との間に差額がある場合、当該差額を損益として処理する。

電子決済手段の払戻時の会計処理

9. 本実務対応報告の対象となる電子決済手段を払い戻すときは、その受渡日に払戻しに対応する債務額を取り崩す。

期末時の会計処理

10. 本実務対応報告の対象となる電子決済手段に係る払戻義務は、期末時において、債務額をもって貸借対照表価額とする。

外貨建電子決済手段に係る会計処理

期末時の会計処理

11. 本実務対応報告の対象となる外貨建電子決済手段の期末時における円換算については、企業会計審議会「外貨建取引等会計処理基準」（以下「外貨建取引等会計処理基準」という。）一2(1)①の定めに準じて処理する。

12. 本実務対応報告の対象となる外貨建電子決済手段に係る払戻義務の期末時における円換算については、外貨建取引等会計処理基準　一2(1)②の定めに従って処理する。

預託電子決済手段に係る取扱い

13. 電子決済手段等取引業者又はその発行する電子決済手段について電子決済手段等取引業を行う電子決済手段の発行者（以下合わせて「電子決済手段等取引業者等」という。）は、電子決済手段の利用者との合意に基づいて当該利用者から預かった本実務対応報告の対象となる電子決済手段（以下「預託電子決済手段」という。）を資産として計上しない。また、当該電子決済手段の利用者に対する返還義務を負債として計上しない。

開 示

注記事項

14.　本実務対応報告の対象となる電子決済手段及び本実務対応報告の対
　　象となる電子決済手段に係る払戻義務に関する注記については、企業会
　　計基準第 10 号「金融商品に関する会計基準」（以下「金融商品会計基準」
　　という。）第 40-2 項に定める事項を注記する。

適用時期

15.　本実務対応報告は、公表日以後適用する。

議 決

16.　本実務対応報告は、第 514 回企業会計基準委員会に出席した委員 13
　　名全員の賛成により承認された。

第 **4** 章

ステーブルコインの今後

岡部典孝［著］

ステーブルコインで実現可能なこと

　ステーブルコインの規格が全世界で統一されて、効率的な決済が可能になった場合、どのような社会になるのでしょうか。本章では筆者（岡部）の考え方を紹介します。

船荷証券、倉荷証券、運送証券の即時決済

　現実の商品と引き換え可能な民法上の有価証券（民法第7節）として船荷証券、倉荷証券、運送証券および船荷証券と運送証券を融合した複合運送証券があります。現在船荷証券を2030年までに100%電子化する動きが進んでおり[1]、将来的に倉荷証券や運送証券にも波及すると筆者（岡部）は考えています。

　これらの電子化が実現した場合、国境を越える電子マネーが必要になるのではないかと筆者（岡部）は考えます。このときステーブルコインを利用した決済は非常に有用なものになると考えられます。たとえば日本を輸送元としてナイジェリアに対して海上輸送がなされた場合、この海上輸送に係る証券に関する取引について、ナイジェリアの事業者がUSDCで払い、日本の事業者はそれを日本円に交換して受け取るといったことが考えられます。

　この際のUSDCと日本円の交換は電子決済手段等取引業者が行うことになります。電子決済手段等取引業者が自動取引可能なスマートコントラクトを提供した場合は、上記すべての取引が全自動で人を介することなく完了します。

1　日本海事新聞　「コンテナ船社、30年までに電子BL100%。主要9社方針、年8700億円削減」（2023年2月20日）
https://www.jmd.co.jp/article.php?no=284541

振込み業務の大幅削減

　賃貸家賃の振込み業務を考えてみましょう。毎月家賃が家賃保証会社に振り込まれると、そこから賃貸管理会社に振り込まれ、大家に振り込まれるといった非効率的な定型作業が毎月発生しています。

図表　ステーブルコインを用いた家賃の振込み

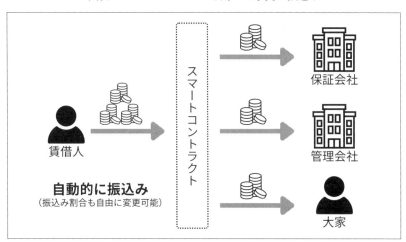

　ステーブルコインであれば賃借人から振り込まれた瞬間に、スマートコントラクトであらかじめ決めた割合で保証会社、管理会社、大家に振り込みし直すことができます。

　これにより特に管理会社と大家の資金効率・資本効率が大きく向上するでしょう。

　このような定型業務の自動化はステーブルコインの最も得意とする領域です。

クラウドファンディングの自動化

　寄附型／購入型クラウドファンディングが盛況ですが、プラットフォーマーが10〜15%程度の手数料をとります。つまり、応援したいプロジェクトが受け取る資金は支援資金の85〜90%なのでクラウドファンディン

グで応援しない人もいます。

　しかし、スマートコントラクトとステーブルコインでクラウドファンディングをほぼ中間者が存在しないよう自動化することができ、手数料も0.5％〜５％に抑えることができます。仮にプラットフォーマーの手数料を抑えずに従来通りとった場合は５％以上を広告費等に充てることができ、競争上有利になります。

　このような効率的なクラウドファンディングが増えると、新しい挑戦資金が集まりやすくなり、イノベーションが促進されると考えられます。黒字化の目途が早くなると融資や出資が集まりやすくなり、さらにイノベーションが促進されるでしょう。

DAO（分散型自律組織）

　DAO とは、自律分散型組織のことで特定の管理者がいなくても自律的にプロジェクトを推進できる組織です。たとえば、ビットコインは特定の管理者がいなくても価値が保たれているので一種の DAO といえます。米国のワイオミング州で 2021 年に DAO 法人が認められ[2]、日本でも 2023年 11 月に自由民主党のデジタル社会推進本部 web3 プロジェクトチームが DAO ルールメイクハッカソンを開催する[3]等の動きがあり、DAO に関する法整備が進むと期待されています。

　DAO はスマートコントラクトとステーブルコインによって処理を自動化することで、より分散化され自律的に動く組織となります。

　日本において DAO は地方創生や伝統の継承等従来型の組織ではなかなか滞りが解消されなかった分野での活用が期待されています。

　これは筆者（岡部）の私見ですが、DAO とステーブルコインの組合せは以前に比べて弱まっている町内会等地域コミュニティの再生と相性が良いように思います。一定の予算を集めて一定の目的に従って自律分散的に

2　ワイオミング州 DAO 法（通称）https://www.wyoleg.gov/Legislation/2021/SF0038

3　自由民主党　DAO ルールメイクハッカソンを開催（2023 年 11 月 2 日）
　　https://www.jimin.jp/news/information/206923.html

業務を行う点で町内会は DAO と近く、ステーブルコインを使って議案ごとに予算を配布すればお金の流れが透明になり、不正が防止されるので会費を集めやすくなります。また、一次産業 NFT と組み合わせて新しい商品を開発し、コミュニティを通じて世界に広めていくといった動きでも活用され始めています。JPYC は農林水産省のビジネスコンテストINACOME で特別賞を受賞しましたが、その際のアイデアは青ヶ島村民を中心とした DAO で水産加工場を作り、魚の干物や塩漬けのセットをNFT で売ってから魚を獲りに行くという持続的な水産業の提案でした（魚を獲ってから加工して出荷して売るよりも資金効率・資本効率が良いのが特長です）。

　たとえば 100 万円がステーブルコインで送金されると、即時かつ自動的にあらかじめ投票で決めた割合で複数のサブプロジェクトに予算を配分することができます。

　DAO から徴税する場合、メンバーの入れ替わりが激しいため、誰からどのように徴税するのかが問題になるところ、一定割合をスマートコントラクトで徴税アドレスに送金しそれを納税すれば完了とするような立法も将来的には検討の余地があるかもしれません。

ペイロール（給与払いシステム）

　Timee（タイミー）のようなアプリを使って隙間時間に短時間働きその都度報酬を受け取ったり、Uber Eats（ウーバーイーツ）のようなアプリを使って配達の都度報酬を受け取るというような勤務形態が増えてきています。こうした勤務形態は従来型の労働法や給与計算と相性が悪く、その報酬は業務委託契約の下、業務を請け負う個人事業主への報酬として支払われているのが実情です。

　ステーブルコインとスマートコントラクトを組み合わせれば、店長がスマートコントラクトにステーブルコインをデポジットした分だけ隙間時間に働きたい労働者をマッチングし、労働者は働いた分をその日のうちにステーブルコインで受け取れるサービスが実現できるかもしれません。

全銀ネットとの接続

　2025 年から資金移動業者は一定の条件下で全銀ネットと API を通じた直接接続が認められます。

https://www.mof.go.jp/about_mof/councils/meeting_of_cbdc/20230616 jbasiryou.pdf

　これにより、資金移動業者兼電子決済手段等取引業者によって日本円を口座に振り込めば USDC がすぐ手に入る、USDC を送信すればすぐ銀行口座に入金されるといった新しいサービスが出てくるかもしれません。各資金移動業者の創意工夫によって次々と新しいサービスが出てくることが期待されます。

マネーロンダリング（マネロン）対策の高度化、自動化

　ステーブルコインによってパブリックチェーンで送金された記録はブロックチェーン上に永続的に記録され、基本的に誰でも検証することができます。AI が怪しいトークンの流れ（トランザクション）を解析することにより自動的に怪しいお金の流れを抽出し、ウォレットのアドレス（口座番号のようなもの）に対して信用度を計算することができます。信用度の低いアドレスに対して送らないよう警告を出したり送金を止めたりすることが可能になるでしょう。また、ウォレットのアドレスは国や業種が異なっても同じ規格ですから、米国のステーブルコインで不正があったので、日本の関連する銀行口座も素早く凍結するといったことも可能になるでしょう。

　今までのマネロン対策は KYC（Know Your Customer）が中心でしたが、マネロンはどんどん巧妙化しており KYC だけでは足りなくなっています。今後は KYC に加えて KYA（Know Your Address）や KYT（Know Your Transaction）、つまりウォレットアドレスや送金トランザクションのリスク分析が求められるようになります。金融庁のガイドラインにおいても、電子決済手段発行体には不審な送金を分析してマネロンリスクの高いアドレスを止めるといった措置が期待されています。

M2M（AI 同士の取引）

M2M とは Machine to Machine の略で、人が介在せずに機械同士が相互に情報をやり取りすることです。これとステーブルコインを組み合わせると、機械に搭載された AI 同士が人を介在させることなく取引できるようになります。たとえば倉庫に配置された機械が在庫と価格を見ながら商品を購入・販売するといったことが行われるでしょう。AI の進化と人手不足を考えると、M2M は急激に進むと考えられますので以下具体例を考えます。

証券市場はここ 30 年で大幅に自動化されました。昔は買い手も人間、売り手も人間、仲介も証券取引所に「場立ち」という人間がいました。東証から場立ちがいなくなったのは 1999 年で、わずか 25 年前のことです。

そこから仲介がコンピューターになり、買い手や売り手もコンピューターになりました。今や超高速な取引プログラムが 24 時間取引機会を窺っており、人間が勝つのは容易ではなくなっています。将棋や囲碁も AI が人間に勝つ時代ですから、取引機会をみつけるような計算は人間よりコンピューターが得意といってよいでしょう。

そしてこの動きは、本章の最初に説明した船荷証券等の電子化を受けてすべての商品に広がることが容易に予想されます。

その際に AI は銀行預金の残高を見ながら取引するでしょうか？あるいは Suica のような物理的な決済手段を使用するでしょうか？おそらくどちらでもないでしょう。

このような AI 同士の取引において、ステーブルコインはプログラマブルマネーとしての性質を活かして普及すると期待されています。

納税や徴税の自動化・効率化

消費税率が 10% として、消費税相当額を別のウォレットに入れておくといった処理はスマートコントラクトで容易に実現できます。

また、消費税のインボイスは電磁的記録として保持することが認められていますので、技術的にはブロックチェーン上に保存、記録することも可

能です。

　消費税は滞納も発生しやすい税金なので、納税預金相当のウォレットに自動でステーブルコインが溜まっている状態は、国税庁としても推奨できるはずです。

　そこから簡単な操作で年に複数回消費税を納税することもできますし、国税庁がその気になれば取引の都度国税庁のウォレットに消費税を自動納付することすら技術的には可能です。

　また、ブロックチェーン上で発行された消費税のインボイスを税務当局がモニタリングするプログラムを作るのも容易なので、ブロックチェーン上のインボイスに書かれた消費税の金額が増えているのに納税額が減っているところを優先的に調査するといった形で、徴税の効率化が実現することでしょう。

　なお、執筆時点でJPYCの使用目的は金額ベースでは納税やふるさと納税が一番大きくなっています。

自動仕訳・会計自動化

　現在でも銀行とAPI連携することで会計ソフトにデータを取り込み、一部自動で仕訳するといったことが行われています。同じようなことは当然ステーブルコインを用いても可能になります。消費税のインボイスといった銀行振込みでは同時に送れないデータをスマートコントラクトで付与することも技術的に可能である分、ステーブルコインの方が自動仕訳できる割合が高いと考えられ、発展性があるといえそうです。キャッシュフロー計算上現金として扱えるので、銀行預金よりもなるべく電子決済手段のステーブルコインで保有しようという企業も出てくるかもしれません。

監査の自動化・効率化

　特定のアドレスのステーブルコインの任意の時点の残高は、アドレスの管理者以外も簡単に検証することができます。つまり、取引先や内部監査、監査法人等が相手の経済状態を自動で確認できるということです。

　ある時点において特定のアドレスの残高を確認する監査ツールは一度作

成すればかなり使いまわしが効くので、今まで監査人が金融機関に残高確認状等を送付回収していたことと比較すると作業は減るでしょう。

アドレス情報を与信に活用することで、情報開示に積極的な取引先を増やして事故率を低下させることもできるでしょう。

相続の自動化・効率化

スマートコントラクトに遺産（ステーブルコイン等）を入れることにより、プログラムであらかじめ決められた条件に従って遺産を分割するといったことが技術的に可能です。相続人3名のうち2名が協力した場合のみステーブルコインが受け取れるといった条件を設定すれば、相続争いを緩和できるかもしれません。相続発生をスマートコントラクト上どのように認識するかが課題ですが、死後開示される遺言に文字列を書いておき、その文字列が明らかになった場合に相続発生とみなすことが考えられます。

全自動法人

上記をすべて組み合わせて、最後に未来の法人の姿と徴税について妄想してみましょう。

弁護士や税理士、そしてスマートコントラクトエンジニアといった3名の専門家が集まりDAOが組成されました。弁護士は、組合、合同会社、株式会社等々について比較検討し、合同会社DAOが適切であると感じたため、合同会社を設立し、業務執行者に就任しました。

エンジニアは自動売買プログラム（Bot＝ロボット）を作成しました。何でもよいのですが、ステーブルコインの価値が現実の通貨ペアと乖離した際に売買する裁定取引Botということにします。

スマートコントラクトエンジニアは、得られた収益の一部をあらかじめ決められた法則に従って各自のウォレットおよび納税用ウォレットに分配するスマートコントラクトを作成しました。分配されなかった収益はスマートコントラクト内に蓄積され、裁定取引Botによって再び運用されます。

税理士はエンジニアと共同で税金計算を自動で行い、ワンタップでステーブルコインで納税申告が完了するプログラムを作成しました。税率が変更された場合等はプログラムを変更する責任を負うことになります。

　幸いにも裁定取引 Bot はうまく動作し、3 名のウォレットと納税用ウォレットには定期的かつ（根本的な変更がない限り永続的）にステーブルコインが送金されてくるようになりました。

　めでたしめでたし！

　とはなりません。その後のシナリオも考えてみましょう。

　3 名が突然交通事故で死んだとします。遺族の管理するウォレットには死後も定期的にステーブルコインが送金され続けると考えられます。合同会社 DAO の収益分配を受け取る権利はいくらで評価すべきでしょうか？

　納税用ウォレットから国は納税を受けられないかもしれません。10 年経って法人は登記変更がないということで、みなし解散にできるかもしれませんが、全員死亡により脱退し構成員がいなくなっているにもかかわらず経済活動は続いています。

　今後さらに技術が進歩すると、死後数十年どころか数百年動き続ける（稼ぎ続ける）プログラムが AI によって開発されるかもしれません。

　国は関係者が全員死亡した後も AI で動き続ける自律分散型組織からどのように徴税すべきでしょうか？　SF のようですが、要素技術はすでにすべて実現しています。

　一般的には生きている人が関与せずに自律分散的に動き続けるプロジェクトから徴税することは技術的に困難と考えられます。

　筆者（岡部）は AI が収益を分配する際に国が管理する納税用ウォレットに一定割合をプールするように義務づけ、税理士が申告しなかった場合は国が納税ウォレットから定期的に吸い取ることができる仕組みを導入できないか、考えています。

　しかし、仮にこのような取引に税金がかからない国があれば、プロジェクトごと容易に外国に出てしまうことになるでしょう。日本としては AI や Web3 を推進する観点から、また国際金融都市を目指す観点から、一定額まで非課税にして世界中からプロジェクトを誘致するという政策的判

断もあり得ます。

　ブロックチェーンやスマートコントラクト、そしてステーブルコインは、実は法人や税金の根源的な仕組みをアップデートせざるを得ない大きな進歩なのかもしれません。

おわりに

　日本をはじめとした先進国の人口は減少し続けており、今まで人がやっていた作業で自動化できるものはどんどん自動化する必要があります。しかし振込みや会計といった作業を自動化する際、金融機関の振込みを自動化するためには高度なセキュリティと多額の開発投資が求められ、二段階認証等の物理的なセキュリティ向上策が自動化の妨げになっていました。

　ステーブルコインによりわが国の経理、会計や納税、監査等が自動化され、効率化が進むと確信しています。そして、本書の読者の皆様が、ステーブルコイン導入を進める先進的な事業者やその利用者の良きパートナーになっていただけることも確信しています。

著者紹介

岡部典孝（おかべ・のりたか）［第1章、第4章執筆］

JPYC 株式会社　代表取締役

1978 年、福岡県生まれ。2001 年、一橋大学経済学部在学中に有限会社リアルアンリアルを起業し 2002 年に株式会社化。代表取締役、取締役 CTO 等を務める。2016 年、リアルワールドゲームス株式会社を共同創業。取締役 CTO/CFO を経て、取締役 ARUK（暗号資産）担当。2019 年、日本暗号資産市場株式会社（現、JPYC 株式会社）を創業。現在、JPYC 株式会社代表取締役。2021 年より情報経営イノベーション専門職大学客員教授、ブロックチェーン推進協会（BCCC）理事およびステーブルコイン普及促進部会長。2021 年 12 月、日本ブロックチェーン協会が主催する「Blockchain Award 03」の Person of the Year（Japan）を受賞。

清水音輝（しみず・おとき）［第2章執筆］

弁護士

東京大学法学部卒業後、弁護士登録。第一東京弁護士会所属。コーポレート、金融規制、フィンテックおよびブロックチェーンに関する分野をはじめとして企業法務全般について法的アドバイスを提供している。他にも「NFT のランダム型販売に関するガイドライン」の策定に関与するなどブロックチェーンの業界において幅広く活躍している。主な著作に、『スマートコントラクトの仕組みと法律』（共著、中央経済社）、「生成 AI 利用における個人情報保護」（『ビジネス法務』2023 年 11 月号）、"Chambers Global Practice Guides Fintech 2023 Japan – Trends & Developments"（co-authored, Chambers & Partners Publishing）などがある。

坂本 新（さかもと・しん）［第3章執筆］

たまらん坂税理士法人代表社員・日本暗号資産ビジネス協会準会員

1992年、東京国税局に入局（2010年〜2011年法務省大臣官房租税訟務課出向）。2017年7月、50歳となったことを契機に暗号資産を得意とする税理士になるため東京国税局を離職。同年から暗号資産の税務研修会を開くなどの活動をする一方、東京都国立市に「たまらん坂税理士法人」を設立。代表社員に就任。税理士向けの研修講師、個人・法人のクライアントサービス、暗号資産の税務調査等幅広く活動している。一方で、山梨県忍野村にある「忍野八海」に投げ込まれるコイン（硬貨）を潜水回収するボランティア活動を主催し「税理士ダイバー」としても活動している。

　主な著書に「暗号資産 Mt.Gox 破綻劇から"億り人"狙われるうっかり無申告＆脱税」（『週刊エコノミスト』2024年1月23・30日号）、「金＆暗号資産　所得税・相続税完全ガイド」（『週刊エコノミスト』2024年2月20・27日号）。

サービス・インフォメーション
ーーーーーーーーーーーーーーーーーーー 通話無料 ーーーーーー

①商品に関するご照会・お申込みのご依頼
　　　　　　TEL 0120(203)694／FAX 0120(302)640
②ご住所・ご名義等各種変更のご連絡
　　　　　　TEL 0120(203)696／FAX 0120(202)974
③請求・お支払いに関するご照会・ご要望
　　　　　　TEL 0120(203)695／FAX 0120(202)973

●フリーダイヤル(TEL)の受付時間は、土・日・祝日を除く
　9:00〜17:30です。
●FAXは24時間受け付けておりますので、あわせてご利用ください。

確定申告の前に知っておきたい
超基本から学ぶステーブルコインの税務
―改正資金決済法（2023年施行）対応

2024年3月30日　初版発行

著　者　岡　部　典　孝

　　　　清　水　音　輝

　　　　坂　本　　　新

発行者　田　中　英　弥

発行所　第一法規株式会社
　　　　〒107-8560　東京都港区南青山2-11-17
　　　　ホームページ　https://www.daiichihoki.co.jp/

ステーブルコイン　ISBN978-4-474-09441-3　C2034(7)